朝日新書
Asahi Shinsho 969

電話恐怖症

大野萌子

朝日新聞出版

はじめに

「電話に出られないから、会社をやめます」

ある企業の人事担当者から、新入社員の衝撃的な退職理由を聞いたのは、２０１５年ごろのことでしょうか。

そのときは例外的な事例だと思ったのですが、そのころから、「若い人が電話に出たがらない」とか「教育のしかたに困っている」という人事担当者からの相談を耳にするようになりました。

また社員との個別面談でも「電話が苦手で会社に行きたくない」「電話の着信音が鳴ると動悸《どうき》が激しくなる」といった相談が寄せられるようになったのです。

電話がこわい？

社会人として必要とされるスキルとして長年重要視されてきたものですが、今、「電話恐怖症」の人が確実に増えているのはたしかです。その証拠に、書店のビジネス書コーナーには、いかにして電話に対応するかのマニュアル本が並べられています。しかしこの問題は、電話対応のテクニックを身につければ、簡単に片づけられるものではないように思います。つきつめて考えると電話恐怖症の背景には、テクニックの有無ではなく、もっと本質的なコミュニケーションの問題が隠れているのではないでしょうか。

産業カウンセラーである私は、長年、社員のコミュニケーションの問題に向き合ってきました。コミュニケーションの基本は自己との対話です。自分はどうありたいのか、どうしたいのかを自分で把握し、自己としっかり向き合うことから、コミュニケーションは始まります。

その基本のコミュニケーションすら苦手な人が、姿が見えない相手と話す電話がこわいのは当然のことです。

この本では「コミュニケーションが苦手な自分」「人と話すのがこわい自分」を受け

入れて、少しでも克服していくための方法を提案します。

また電話恐怖症の部下を持つ上司にも、彼ら彼女らへの理解の一助として参考にしていただければと思います。

電話恐怖症を根本的に取り除き、対処していくためのヒントになれば幸いです。

電話恐怖症チェックリスト

あなたは「電話恐怖症」でしょうか。チェックしてみましょう。

□電話の着信音がすると緊張する

□自宅の固定電話が鳴った際は、居留守を使う

□非通知の電話には出ない

□お店の予約はウェブに限る

□友達に電話する前には、必ずLINEなどで確認する

□電話の前には話し始めのセリフを考える

□留守番電話にメッセージを入れられない

□電話での「間」が耐えられない

四つ以上に当てはまれば、すでに電話恐怖症か電話恐怖症になる可能性があります。

電話恐怖症　目次

第2章　電話が苦手な人の中で起きていること

第4章　電話がこわくてたまらない人の初めの一歩

第5章 実践編 厄介なシーンに対応する

第6章 実践編 電話で成果を上げるヒント

第7章 コミュニケーションは自分との対話

第1章　若者だけじゃない！　電話ぎらいが急増中

電話をこわがる人が増えてきた

「電話恐怖症」の人が増えてきた、と言うと、同意されることが多くなりました。

2019・20年度卒の社会人を対象にしたマイナビの調査では、友人と連絡するときに電話を使う人がわずか1%しかいないという驚きの結果が出ています（2020年卒マイナビ大学生のライフスタイル調査）。

ちょうどミレニアル世代（1980年代前半~1990年代半ば生まれ）に当たる彼らの連絡手段は、LINE、メッセンジャー、ショートメッセージ、ダイレクトメッセージなど。つまり文字ツールが主体です。

そこで、私が近年経験した電話恐怖症のケースをいくつか紹介します。いずれも、対象者は対人恐怖症などを含め、普段コミュニケーションに特段の不都合を感じていない人たちです。

ケース1　給湯室から打ち合わせしてきた新入社員

最初のケースは、電話ではないものの、電話恐怖症の人にありがちな心理状態を示す例を紹介します。

ある企業と打ち合わせをしているさいに遭遇しました。新入社員の研修の依頼があり、責任者とメールで何度かやりとりしたあと、詳細をつめるために、現場の担当者とオンラインで打ち合わせをすることになりました。

担当者は会社に入ったばかりの新入社員で、新人の立場から次年度の研修をサポートするということでした。約束の時間、その方が私のパソコンにつないできたのですが、背景を見て驚きました。明らかに給湯室だったからです。

私は思わず「そこでお話ができますか？　一度切りますので、デスクに戻られてから、あらためてつなぎますか」と聞いてしまいました。しかしその方は「いえ、ここで大丈夫です」とかたくなです。

やむなくそのままミーティングをつづけましたが、おそらくこの方はデスクに戻って周りの人に打ち合わせの声を聞かれるのに抵抗があったのではないでしょうか。

そういえば、以前、出版関係の会社でもこんな光景を目撃したことがあります。ある社員が廊下の片隅にしゃがみ込むようにして、ひそひそと誰かに執筆の依頼をしていたのです。

その会社の人に聞くと、新人のうちは、偉い人やいわゆる大御所の人間にアポイントメント（以下アポイント）を取ったり執筆依頼のお願いをしたりするときに、周囲の人に自分の話しぶりを聞かれるのがこわくて、みなオフィスを抜け出し、廊下や非常階段で話をするそうです。

さすがに給湯室でという例は聞きませんでしたが、自分が電話で話している内容を人に聞かれるのがこわいというのは、その会社ではよくあることだと言っていました。

デスクにある自分の電話が使えない。自分のデスクで大事な仕事の話ができない。

これも一種の電話恐怖症だと思います。

職場で質問をするのがこわい

なお給湯室からズームにつないできた社員のエピソードにはつづきがあります。給湯室に人が来ないか気にしている様子だったので、「落ち着いてお話ができる会議室かどこかに移動されたらどうですか？　私のほうは時間は大丈夫ですので」と提案すると、その方は「会議室の取り方がわからないので」と即答でした。

私はその会社を訪問したことがありますが、一人でも使用できる会議室がじゅうぶんにあり、会議室の取り方など、隣の席に座っている人に聞けば、すぐに教えてもらえるはずです。

でも、「会議室の取り方を教えてください」という簡単なひと言がかけられない。苦肉の策で探したのが給湯室だった、というわけです。

会議室の取り方を聞くというこんな簡単なことでも、人に聞いたり、頼んだりすることができない。これは何もこの社員に限ったことではありません。今の若い世代に比較的多い傾向――というかむしろよくあるケースだと理解しておく必要があります。

ケース2　電話の着信音が鳴るだけで動悸がする

二つ目のケースは電話の着信音が鳴るだけで、動悸がしてパニックになってしまう社員の例です。

その会社では現場の職人さんとのやりとりが多く、「おまえ」「馬鹿やろう」など乱暴な言葉づかいが頻繁に飛び交うことがあったそうです。そのため、その社員はもともと電話に苦手意識があったようですが、加えて、業界独特の専門用語などもよく聞き取れず、電話の内容を正確に把握できないことがありました。

当然、上司からは「何をやってるんだ」と注意されるので、着信音が鳴ると、緊張します。そのあまり、頭がまっ白になり、電話中も相手の話がすべて飛んでしまうそうです。

すると悪循環で、さらに、話の内容がわからなくなり、場に即した応対ができません。またそこで怒られて、電話に出るのがこわくなり、次の電話も緊張する。そのくり返しで、とうとう電話が鳴っただけで、動悸が激しくなって、冷や汗が流れ、受話器を取ることができなくなったという事例です。

実はこういうケースは、どこの会社にも一定数あります。この事例のようにパニックを起こすまでには至っていないものの、着信音に過敏に反応したり、ドキドキしたりする人は珍しくありません。

この現象はまだ仕事に慣れていない新人に多く見られます。本来、新人であれば、仕事で使う専門用語や単語などわからなくて当然ですから、電話でいきなり言われても一度で理解できないことがあるでしょう。

あわてずに聞き直すか、わからなければいったん電話を切ってかけ直すなど、いくらでも方法はあるのですが、それができないのです。

なお、この例のようにパニックになるまでエスカレートするのは、完璧主義の人に多い傾向があります。「全部覚えていなければいけない」とか「100%理解しなければいけない」と決めつけていると、「これもできない」「ここも足りない」とミスばかりにフォーカスして、歯車が逆回転するように悪循環が始まってしまいます。

ケース3　電話に出ることを強要されて出社拒否

ある会社では、「新人は電話に出る」「3回コール以内に出る」という暗黙の了解がありました。今、これを強要すると、ハラスメントになってしまう可能性もありますが、古い体質の会社だとまだ社内風土として、残っているところもあるようです。

新入社員で入社した社員は、家に固定電話がなく、受話器を取って応答する電話機に慣れていなかったそうです。上司は「電話くらい出られるだろう」と軽く考えていたのですが、その方にとって電話機は初めて使う未知の機械でした。

出たことがないから、受話器を取るのがこわい。携帯電話でしか話したことがないので、職場のような人前で、固定電話を使って話す行為にためらいを感じてしまう。

しかし新人はぜったいに電話に出なければいけません。「おい、鳴ってるぞ」と上司から言われ、受話器を取って、しどろもどろで話していると、「電話くらいちゃんと出られるようにしろよ」とまた叱責されます。

そのうち電話に出るのがこわくなり、会社に向かおうとすると、お腹が痛くなったり、電車の中で激しく動悸がしたりするようになったそうです。結局、出社できなくなり、相談に来たケースです。固定電話を使ったことがない若い社員に多い事例といえましょう。

また似たような例で、在宅勤務にもかかわらず、「電話に出るのがこわくて退職した」という例もありました。そのケースではコロナ禍《か》のとき、上司からかかってきた電話にすぐ出られず、「何してたんだよ。業務中なのに出ないってどういうことだよ」と叱責されたことがきっかけです。

おそらく、上司は部下の姿が見えないことで、疑心暗鬼になっていたのでしょうが、在宅勤務中でも、トイレに行くことはあるでしょう。何かのタイミングで電話に出られないこともあります。私自身もコロナ禍のときは、自宅で電話相談の仕事をしていましたが、会社からの事務連絡の電話に出なかったことで、激怒されたことがありました。

電話相談では、相談者は声を頼りに話を進めるために「音」にひじょうに敏感です。よって、スマホの着信音等にも気を遣い、消音モードにしていたために気づくのが遅れたのですが、説明すらできない状況でした。

私の場合、その仕事はあくまでもたくさんある仕事の一部であったにもかかわらずダメージを受けたので、会社から社用携帯を持たされ、24時間つながっている場合、そうした状況にプレッシャーを感じるのもうなずけます。おそらく、それがきっかけになり電話恐怖症につながってしまうこともあります。

ケース4　長電話が切れず疲弊。友人づきあいが疎遠に

このケースは50代の方の事例です。昔からつきあっている仕事仲間の友人が長電話をしてきて困っている。自分の部署は朝が早いので、電話は20〜30分で切り上げて、明日に備えたいが、友人の話が終わらないというのです。

話の内容は毎回同じで、同僚の悪口、配偶者の愚痴、自分の体調の悪さなどが中心です。やっとひと通り聞き終わったと思ったら、また同僚の話に戻ってきて、延々とどこまでも続くそうです。

友達なら途中で「そろそろ」と言って切れるのではと思いがちですが、「拒否したら、もうつきあってもらえないんじゃないかと思って言えない」と訴えるケースが目立ちます。年齢層が上がってくると、新しい友達をつくるのがたいへんだからという理由で、いやいや電話につきあっているわけです。

結果として、夜の間にしなければならない家事や入浴、睡眠にも支障をきたすようになり、生活リズムがくずれてしまいました。イライラもつのり、友人からの電話にも愛

想よく応じられなくなったために、結局疎遠になってしまったということです。

電話が切れないという例は意外と多く、休日やそれこそ睡眠時間を削ってまで、長電話につきあっているうちに、もう電話はいや、メールやLINEだけでやりとりしたいという状況になっていきます。

長電話が切れないのは、「NOと言えない人」「断れない人」の特徴です。断れないから相手に合わせつづける。合わせつづけるから苦しい。苦しいからゆがみが生まれて、結果的に人間関係にひびが入ってしまうというわけです。

2015年ごろから顕著になってきたこと

入社後1年未満で会社をやめる社員の理由に「電話」があげられるようになったのは2015年ごろのことです。

産業カウンセラーを務めている私も、「電話が離職の原因」と聞いて、初めは信じられませんでした。でもその話を人事担当者に話したところ、「うちでもありますよ」と言われて驚いたことを覚えています。

「電話がこわい」という傾向は年々強くなっています。最近では、電話応対をしている最中に泣き出してしまう例も出始め、電話恐怖症は若者の間で定着しつつあるのではないかと感じます。

もうひとつ、2015年ごろから顕著になってきた傾向があります。

それは、自分の意思を伝えられない人が増えてきたということです。

私が以前から新人研修で必ず聞く質問があります。

それは「もしランチセットで食後にコーヒーを頼んだのに、紅茶が来てしまったとき、あなたはどうしますか?」というものです。

2015年以前ですと、「店員さんに言って、注文通りのコーヒーに替えてもらう」という人が7~8割でした。しかし最近では、「替えてもらう」のは5割弱。つまり半数以上の人は「黙ってそのまま紅茶を飲む」というのです。

コーヒーが飲みたかったのに紅茶が出てきたとき、なぜ「替えてください」というひと言が言えないのでしょうか。

その理由について、「なぜ言わないのか?」と聞いてみると、以前は「面倒くさい」

とか「まあいいやと思うから」という答えが多かったのですが、最近は「何と言えばいいかわからないから」「どう思われるか心配」「言うタイミングがつかめない」などの回答が多くを占めるようになりました。

つまり人とどうかかわるのか、コミュニケーションの問題が浮上してきているのです。もし日本人が近年コミュニケーション下手になってきているとしたら、電話で話すのがこわくなるのは当たり前といえるでしょう。電話恐怖症は日本人のコミュニケーション力の低下と密接に関係しているのです。

アメリカでは約8割の若者が電話に不安感

電話恐怖症の問題は日本だけではありません。イギリスの大手電話応対サービス会社Face For Businessが2019年に公開した記事[*1]によると、オフィス勤務の従業員のうち62%が、電話に出る前に不安を感じると答えています。

不安の内容は「質問にどう対処すればいいかわからない不安」が33%、「電話でフリーズすることへの不安」が15%、「相手が否定的に考えるかもしれない」が9%などです。

またこの調査では、ミレニアル世代（1981年～1996年生まれ）がもっとも電話不安が高く、76％が電話の着信音を聞いたとき、不安になると答えています。同じ質問を団塊世代（1947年～1949年生まれ）に聞くと40％ですから、電話に不安を感じるのは、若い世代では団塊世代の倍近くになることがわかります。

また2023年にBBC Science Focusで公開された記事[*2]によると、22歳から37歳を対象にしたアメリカの調査では、約8割が電話で話すことに不安を感じています。

興味深いことにZ世代（1990年代半ば～2010年代初めごろの生まれ）になると、電話を無視する傾向が強くなります。そのためこの世代を「ミュート世代」と呼ぶこともあるそうです。

同様に、韓国の研究団体エンブレインが2022年に行った調査[*3]では、電話をかける前に精神的なプレッシャーを感じている人は、20代がもっとも高く43・6％、ついで30代36・4％、40代は29・2％、50代はわずか19・6％でした。

韓国のイム・ミョンホ心理学教授は、若者たちの間で、電話恐怖症として知られる電話不安がますます強まっていると語っています。

このように電話恐怖症が社会問題化しているのは、日本だけでなく、世界各国共通の問題のようです。インターネットを中心にしたコミュニケーションの変化が、電話恐怖症という現象につながっているのかもしれません。

「電話恐怖症」とは何か

「電話恐怖症（テレフォビア）」という正式な病名はまだありません。病名ではなく、状態とか傾向と理解していただければいいでしょう。

ではその状態はどういうものかというと、電話に出ることやかけることに嫌悪感や不安感があり、心身に症状があらわれるものをいいます。

身体症状としては、手に汗をかいたり、動悸や息切れが激しくなったり、吐き気がする、口が乾く、震えが出るなどがあります。心理的な症状では、不安になったり、焦り、恐怖心がつのったりするといったことがあげられます。

それが病的であるかどうかは、社会生活がスムーズに行えるかどうかで判断します。

それこそ会社をやめなければならないとか、家から出られないほどのものだと、病的な部類に入ると思います。

先のBBC Science Focusの記事では、アメリカで何らかの社交不安を抱える人が1500万人くらいいるともあったように、電話恐怖症も社交不安のひとつでしょう。

電話恐怖症も含めて、病的な社交不安を持つ人は他人からネガティブな評価を受けたり、批判されたりするのを極度におそれる特徴があります。

そのため、人と対面したときに緊張してうまく話せなくなり、その失敗がまた起きるのではないかと不安になります。するとまだ不安が起きる前から、原因となる対人関係や社会的な場面を回避するようになるのです。この図式を電話恐怖症に当てはめるとこうなります。

電話をかけたり受けたりしたときに、緊張し、不安になる

←

うまくいかない応対が相手にどう思われるか。また、周りからどう評価されるかを気

にする

↓ ←

自己嫌悪におちいる。場合によっては周りから指摘を受ける

↓ ←

また同じことが起きるのではないかという予期不安が起きる

↓ ←

電話をかけたり、受けたりする場面から逃げようとする

電話恐怖症の後ろには、人からどう見えるかを気にする社会的な不安があるのです。

中高年でも苦手な人は多い

電話が苦手なのは若者ばかりとは限りません。社会経験を積んだ中堅社員からも、「電話がかかってくると緊張する」「うまく話せない」といった相談が少なからずあります。

ある企業の重鎮の取締役から相談を受けたことがあります。その方は社内の重要ポストを歴任し、数々の修羅場をくぐり抜けてきた経験豊富な人間ですが、「実は電話が鳴るのがこわいんです」と打ち明けてくれました。

その方の場合、電話がこわくなった理由は、電話が鳴るのがたいていトラブルのときだからというのです。電話の用件は、その方にかけてこなければならないほど重大なトラブルか、急用です。「また何か重大案件が……」と思ってドキッとするそうです。

責任が重くなればなるほど、電話の用件も重くなる。あたかもパブロフの犬のように、電話が鳴る＝緊急事態が起きた、と刷り込まれてしまっているので、電話がこわくなってしまったのでしょう。

また、この方とは立場が真逆の、いわゆるラインから外れた中年社員から相談を受けたこともあります。この方の部署はめったに電話が鳴りませんが、それゆえたまに鳴ると、どうしようかとうろたえてパニックになり、電話に出ることもできないそうです。

その人の世代では電話のツールが日常的にあったはずですし、経験値も低くありません。それでも電話が苦手ということは、電話以前の問題、つまりもともとの他部署との関係性やコミュニケーションに問題があるのではないでしょうか。

このようにたとえ中高年の社員で、十分電話というツールに慣れ親しんでいても、「電話がこわい」「電話が苦手」という人は一定数存在すると思っていいでしょう。

＊1 https://ffb.co.uk/blog/phone-anxiety-affects-over-half-of-uk-office-workers/
＊2 https://www.sciencefocus.com/the-human-body/telephobia
＊3 https://asianews.network/why-young-people-have-call-phobia/

第2章　電話が苦手な人の中で起きていること

かつてはどこにでもある日常のツールだった電話が、今では退職理由になるほどの厄介者扱いになってしまいました。同じ電話なのに、どうしてここまで「苦手」な人が増えてしまったのでしょうか。苦手な人の中で起きていることについて、さらに深く探っていきたいと思います。

電話恐怖症の人にとっては、きっとそこに解決のヒントがあるはずです。

顔が見えないツールはこわい

電話が苦手になる原因のひとつに、電話が相手の顔が見えないツールだからということがあげられます。情報の圧倒的な部分を占める「視覚」が欠如していて、「聴覚」と「言葉」しかないので、相手が今忙しいのか、迷惑なのか、嫌がっているのか、勝手に想像しているうちに、恐怖の妄想がエスカレートするのではないでしょうか。

また声にも表情はあって、「あれ、迷惑そうだな」とか「タイミングが悪かっただろうか」とか、声色を敏感に感じ取った瞬間、もう次の言葉が出てこなくなることもあります。

状況を把握するのに情報が足りず、それを自分の想像で補うため、勝手にこわくなったり、気まずくなったりするのです。

私たちは視覚と聴覚でも会話している

人当たりはいいし、メールも上手に書くのに、電話だけが苦手という人もいます。仕事柄、私もいろいろな方にお会いしますが、会ったらニコニコして感じがよかったのに、電話ではひじょうにぶっきら棒の人もいます。反対に電話では愛想がよかったのに、会ってみたらそれほどでもなかったということもよくあります。

「メール人格」という言葉が最近よく聞かれるようになりました。会ったらにこやかなのに、メールは殺伐《さつばつ》としているとか、その逆に会ったらドライで、メールはフレンドリーというように、二面性がある人のことを「メール人格」というそうです。

同じようなことが電話にも当てはまると思います。メールや電話など、ツールによって人格が変わってしまう人がいるのです。自分が使い慣れたツールや得意なツールでは緊張せずに人とかかわれますが、ツールに苦手意識があると、緊張するので、「あれ?」と思わせる態度になってしまうのです。

ツールの得手不得手以外にも、別人格になってしまう要因があります。それは相手の顔が見えるか見えないか、です。

私たちがコミュニケーションを取るときは、視覚と聴覚と言葉を使います。その中で一番優位なのは視覚情報です。『人は見た目が9割』(竹内一郎著/新潮新書)という本がありましたが、まさに見た感じで受ける情報が、コミュニケーションの大きな部分を占めます。

たとえばにこやかに笑いながら怒られたら、怒られている気はしません。反対に怒った顔でほめられても嫌味かな、と思ってしまう。それは、表情つまり視覚情報のほうが優位だからです。

しかし電話は視覚情報がありません。相手が見えないので、入ってくる情報は聴覚と言葉だけ。情報量が大きく減ってしまうので、それこそ相手が何を考えているかわからない。だから必要以上にこわいのだと思います。

緊張や威圧は、人が何を考えているかわからないときに、いちばん強く感じられます。

目の前で顔をまっ赤にして怒っている人がいれば緊張しますが、それ以上にこわいのは、何を考えているのかわからない人が、無表情だけれど、どうやら怒っているかもしれない、というときです。

情報が欠如することが、人にとってはとてもこわい。だから顔が見えず、声だけでやりとりする電話がこわいと思うのは、人のコミュニケーションのしくみを考えると、ある意味納得できることかもしれません。

人は相手の反応がなければうまく話せない

顔が見えたほうが話しやすいというのは、以前はいわば常識でした。ところが最近、顔が見えないほうが話しやすいという人たちがあらわれて、よけいにコミュニケーションの問題を複雑にしています。

顔が見えないほうが話しやすいのかも……そう思ったのは、カウンセリングの研修をしているときでした。

カウンセラーを養成する授業では、必ず「無反応」という実習をします。

カウンセラーを目指す人が一生懸命、自分について話すのですが、聞き手役の人はわざと無表情のまま黙っていて、まったく反応しません。

すると話す側の内容がだんだん散漫になってきて、最終的には話ができなくなるという実習です。要は、相手が反応しなければ、筋道立てて話ができなくなり、混乱して何を話していいかわからなくなる。だからカウンセラーはクライアントの話にきちんと反応して向き合わなければいけないという体験をするのです。

これはやりとりをジグソーパズルに置き換えるとわかりやすく、発する言葉のひとつひとつをジグソーパズルのピースとします。

話すほうがパラパラとジグソーパズルのピースを出してくる。それに対して、相手が「そうなんだ。そういうことがあったんだ」とか「それはこういうこと?」などと反応することにより、徐々にピースが組み立てられて、絵が見えるようになってきます。そして、その反応を受けて、次はこのピースを出そうとか、これを出せばもっとわかりやすいかな、などと考えながら、ピースを増やしていきます。

そうやってジグソーパズルの絵が広がり全体像が完成していくイメージです。

だから、相手の言葉にうなずいたり、相づちを打ったりするなどで反応することはとても大切です。何の反応もないまま無表情でいられると、ピースはバラバラのまま組み立てられずさらに次のピースが決まらないので、話（絵）が見えず会話がつづかなくなってしまうのです。

よって、今までの概念だと、一番反応がわかりやすく顔の表情もすべて見える対面が話しやすく、次点は声だけで反応する電話でした。

顔が見えないほうがいい人がいる

ところが最近、無反応のほうが話しやすいという人が出てきたのです。カウンセリングの訓練をする前段階で、「無反応のほうが話しやすい」と言われて、私も絶句してしまいました。

相手の反応を気にせず、一方通行で話したほうが、自分のペースが乱されないので、話しやすいそうです。これではコミュニケーションになりません。

でも最近はチャットやメールなど、相手が見えないツールが主体になっていて、むしろ、生身の人間が目の前にいて、何か言ってきたり、ちょっとした目の動きや手の動きで自分のペースが乱されたりしてしまうのがいやだと思う人も増えているのでしょう。

第1章で紹介したマイナビの調査でもあったように、若い人が友達と連絡しあうツールのほとんどは文字ベースで、実際の相手は目の前にはいません。それに慣れているので、反応がなくても平気になってきているのです。

対面より相手が見えないほうがいい。相手に関する情報は少なければ少ないほうが自分を表現しやすいので、声が伝わる電話より、さらに相手の反応を感じないチャットなど文字ツールのほうが好ましい。新しい傾向を持つ人たちです。

似たような事例を挙げましょう。就活の相談を受けていると、「学生時代に友達が一人もできませんでした」と言う人がいるのです。一見、辛い話なのかと勘違いする方もいるかと思いますが、彼らは「なので、自分のペースを乱されることなく、穏やかな毎日が送れました」と言います。相手の反応を知る由もなく、かかわることを拒否した最たる例かと思います。

若い世代のコミュニケーションの取り方は、想像以上に変化しています。Z世代のあとにつづくα世代（2010年以降生まれ）を含め、生まれたときからデジタル技術がある「デジタルネイティブ」の人たちです。彼らが社会人になる2030年ごろは、さらにコミュニケーションの形が劇的に変化しているかもしれません。

電話に必要な瞬発力がない

電話に瞬発力が必要なことも、電話に苦手意識を持たせてしまうひとつの要因です。情報が少ないにもかかわらず、相手の言葉に即座に反応して返さなければいけない電話というツールは、テキストベースのコミュニケーションが主体の人にはかなりの負担です。

文字テキストであれば、言葉を推敲《すいこう》して返すことができますし、相手から予想外の反応が返ってきても、時間をかけて考えることもできます。

しかし電話ではそれが許されません。少し時間をかけて考えたい、失敗してはならないといった気持ちがあってすぐ決められない人にとっては、瞬間的に返答しなければならない電話は相当なプレッシャーになります。

飲食店でオーダーと違う飲み物を持ってこられても、「違っています。取り替えてください」と言えない世代にとっては、ひと呼吸おいて意見を発信できる文字ツールのほうが安心できるのでしょう。

また相手にどう思われるか気にする人も電話に苦手意識を持つはずです。「こんなことを言ったら、相手はどう思うか」とか「こんなことを言ったら失礼に感じるだろうか」など、いちいち考えながら言葉をつむぐのは、膨大《ぼうだい》なエネルギーを要します。

しかも相手から瞬時に返ってくる反応に、ミスなく対応できる自信もありません。日頃から失言で大炎上するニュースなどを見ているので、よけいに恐怖がつのります。

電話が苦手な人は、おそらく瞬時に反応するコミュニケーションに自信がないのではないでしょうか。

雑談の減少が「電話が苦手」の原因?

コロナの影響で、人と直接会わなくなり、在宅ワークが増えたことも背景にあります。私が受ける相談でも「誰とも話さずに家にずっといて、いざ話をしようとする際に言葉が出てこない」というものが目立つようになりました。

話そうと思っても、言葉が出てこない。もっと深刻になると、声が出ないというのです。

コロナが明けて、オフィスワークに戻っても、その状況はつづいているように感じます。昔のオフィスはもっとざわざわしていて、あちこちでおしゃべりしている声が聞こえました。仕事の帰りもみんなでどこかに寄ってにぎやかに楽しむ雰囲気があったように思います。

しかし今は仕事中、人と会話することが少なくなっています。マルチタスクがふつうになって、人と話す余裕がないのもひとつの要因ですし、さまざまな働き方が増えてきて、職場にいる人がしょっちゅう変わるのも、会話が減った原因かもしれません。マスクをして、私語を控え、個食や黙食の推奨も尾を引いていると思います。

とくに雑談が顕著に減っています。誰かと話すときはチャットを使う。それこそ隣の席の人間にチャットで話しかけるといったことがふつうに起きています。

困ったことに、雑談が少ない職場は問題が起こりやすいというのが実際の体験からもわかっています。人間関係でトラブルがある会社にリサーチに行ったとき、「うちはペンが落ちる音が響くくらい静かです」と言われて合点がいったこともあります。

ペンが落ちる音が響くということは、誰もしゃべっていないということです。しーんと静まりかえっていれば、話したくても話せない。みんなに聞こえてしまうので、こわくて話しかけることもできないでしょう。

すると職場でも一日、ほとんど人と話さない。在宅勤務で言葉が出てこなくなるのと同じ現象がオフィスでも起きているわけです。となると、電話で話すなど、とんでもなく高いハードルに感じられます。電話が苦手な人が増えるのはいたしかたないといえます。

固定電話を使った経験値が低い

電話が苦手になるのは、固定電話に慣れていないという時代背景もあるでしょう。今や、家に固定電話がない家庭も多く、30代以下に至っては保有率は1割を切っています(令和5年通信利用動向調査)。

昭和や平成前半の生まれなら、家に電話があるのが当たり前でした。しかし今の若い世代は幼少期に家の固定電話に出たことがない、という人も少なくないのです。

また固定電話があっても、ナンバーディスプレイになっており、自分が知っている人からの番号のみに出ることが多いでしょう。

会社のように誰からかかってきたかわからない電話に出る経験など、まったくないといってもいいのです。電話機を使った経験がなければ、ハードルが高くなるのは当然です。

固定電話がなければ、当然、電話での取り次ぎや伝言をした経験がありません。「お母さん、誰々さんから電話だよ」という経験が皆無だとすると、会社でも取り次ぎや伝言にとまどうのは目に見えています。

専門学校で講師をしていた人から聞いた話でびっくりしたことがあります。その学校ではビジネスマナーの一環で、電話の取り次ぎの授業がありました。オフィスにあるような固定電話が置いてあり、講師が取り次ぎのしかたなどをレクチャーしたあと、「それでは私はこれから職員室に戻るので、私のところに電話をかけてきてください」と伝えたそうです。

そして職員室に戻ったのですが、待てど暮らせど、誰からも電話がかかってきません。どうしたのかと思い、教室に戻ってみると、学生たちが途方にくれて待っていました。

「先生、電話のかけ方がわかりません」

固定電話をさわったこともない学生たちは、受話器を取って、内線の番号を押すという当たり前すぎる動作すらわからなかったのです。

そういえば、ホテルに泊まったとき、若い人たちは室内に置いてある電話にはいっさいさわらないという話を聞いたことがあります。モーニングコールなどだいたいのことは自分のスマホで用が足りてしまいますし、ルームサービスは頼まない。万一、タオルなど備品が足りなくても、我慢するのだそうです。

なぜかというと、ホテルの人とかかわるのが面倒くさいから。そのうちホテルの電話は部屋の装飾品の一部になってしまうかもしれません。

トラウマの経験が尾を引いている

不慣れな電話応対でクレームが来たり、上司から叱責を受けたり、モンスターカスタマーに当たってしまうと、電話がこわくて出られなくなることがあります。

仕事上での失敗の経験は誰にでもあるものですが、電話にまつわる失敗がトラウマにまで発展してしまうのは、相手の顔が見えない電話の特殊性にあるでしょう。

というのも、顔が見えないと攻撃性がエスカレートすることがあるからです。以前、私が電話相談の仕事をしていたときは、電話で暴言を吐かれたことが何度もありました。対面ではそういうことがないのに、顔が見えない電話だと、とたんに攻撃性が増すのです。

相手の電話の声が小さくて聞き取れず「もしもし」と呼びかけたら、「もしもしと言うな！」と怒鳴られたことがありますし、「おまえは仕事があっていいよな」と散々嫌味を言われたり、不意に脅迫じみた言動を浴びせられることもありました。

電話相談員は原則として、こちらから電話を切れないので、不満のはけ口に使うにはいいカモになります。

電化製品のサポートセンターにいる相談員に聞いた話だと、何時間もクレームを言いつづける人や、「この商品の説明をしろ」と取扱説明書の1ページ目から全部読ませて、黙って切る人もいるそうです。

まともに相手にしていると、本当にトラウマになってしまうので、電話相談を請け負う会社では、相手に問題があるとわかると、以後その電話には出なかったり、別の人が応対したりするといったマニュアルがあります。

プロであってもやり方を心得ていないと、心に傷を負うのですから、ましてや電話に慣れていない人が、顔が見えない電話の相手から罵倒され叱られると、トラウマになり、電話が取れなくなってしまうことは十分考えられます。

人目が気になり、電話に出られない

最近『先生、どうか皆の前でほめないで下さい』（金間大介著／東洋経済新報社）という本が話題になりました。目立たないように隠れていたい彼らは、怒られることだけではなく、ほめられることも避けたいのです。そんな彼らが職場で自分の電話がどう聞かれるのか気になるのは当然といえます。

人からどう見られるかが特に気になるこの世代特有の傾向も加わって、人と違う行動をするのに抵抗がある。自分だけ違っていたら、どうしようと思うのです。

人目を気にすると、当然職場での電話はかけづらくなります。電話で話す自分の話は周囲に丸聞こえですから、周囲の人がそれを聞いてどう思うか、反応を気にしながら電話をするのは神経がすり減ります。結果的に負荷がかかる電話を避けるようになるのです。

これは「他人軸」で動いている人の特徴です。「他人軸」とは、人がどう思うかを基準にして動く人のことです。

たとえば、こんな服を着てどう思われるか、と考える人は、この服が好きで着てくるのではなく、他人がどう思うかという目線で動いています。するとつねに人から見られている自分しか見ていないので、行動ひとつひとつに他人目線の制限がかかってストレスが強くなります。

一方、自分の意思や感情を優先する「自分軸」で動いている人は、人から何か言われてもあまり動じません。もちろん人間ですから、「その服、ちょっと変じゃない?」などと言われれば、多少は気持ちがゆらぎます。でも最終的には「私はこれが好きで着ているんだから」というところに落ち着いて、大きく心が乱れることはないのです。

日本の教育は、伝統的に人に迷惑をかけないことに重きを置いたものでした。「自分がこうしたい」ではなく、「人さまに迷惑がかからないよう」に人の目を気にする教育が刷り込まれてきました。

その結果、先生や親の言うことをよく聞いて、きちんと勉強してきた人ほど「他人軸」になりやすいのです。ただフォローしておくと、「他人軸」が悪いといっているわけではありません。

物事には多面性があって、いい面もあれば悪い面もあります。「他人軸」で動ける人は、協調性があって、和が保たれるわけですから、その力が生かされる場面もたくさんあります。

断ることができない

「NO」と断ることに対して、抵抗感や恐怖感が強く、断ったら関係が切れてしまうと思う人は、電話も苦手です。

なぜなら、ふだんから「NO」と言えない生活をしている人が、電話のように、いますぐその場で反応しなければいけない状況に直面すると、固まって、思考停止におちいる可能性が高いからです。

「NO」と言えないのは条件付きの評価で育ってきた人に多い傾向です。「お手伝いができたから偉い」「テストで100点取れたからいい子」という評価の中で育つと、相手の期待に応《こた》えることで自分の存在が認められる思考回路ができてしまいます。すると断るのは相手の意向に反することなので、自己肯定感が保てなくなります。

そのため、「自分さえ我慢すれば、丸くおさまるから」と、本当は断りたいのに「NO」と言えなくなってしまうのです。断ること＝悪いことではないと本人が自覚することが必要です。

理解力に自信がない

自分に余裕がないと、誰でもパニックになります。ゆとりがあれば冷静に理解できる内容も、焦っていると頭に入ってきません。

テストでもそうですが、焦っていると問題を読み間違えたり、意味を取り違えてミスをしたりします。予備校の模擬テストではいい点数が取れるのに、本番の入試ではあがってしまって点数が取れないのは、典型的な例です。物事をきちんと理解するには、安定した精神状態が必要なのです。

焦りを生むのは、ストレスがかかっていたり、受け止めきれないほどの情報があったりするときです。ストレスや情報はコップの水にたとえられます。コップの容量に余裕があれば、多少ゆらしても水はこぼれません。

でもそれがコップのふちギリギリまでいっぱいになると、ほんの少しコップをゆらしただけでもこぼれてしまいます。それがパニック状態です。

自分の中で抱え込んでいるものが多すぎたり、情報量が過多になってしまったりすると、そもそも容量がギリギリですから、わずかな刺激でも水がこぼれて、パニックになってしまいます。

理解力がないということではなく、心をとりまく環境に問題があるのです。

相手が誰だかわからない

知らない電話番号から何度も着信があって、かけ直しても出ないので、恐怖で一日中心が落ち着かなかったという社員の相談を受けたことがあります。結果的に、その電話は取引先の担当者の別携帯からの番号で、私もその方もほっとしたことがあります。

しかし誰なのかわからないというのは、それ自体が恐怖です。私たちは、怒っている相手より、無表情や無反応の相手に恐怖を感じます。

電話の場合だと、相手が見えない上に、さらに誰だかわからない、何の用件かもわからないとなると、すべてが未知の状態になってしまうので、恐怖を感じて当たり前です。

完璧主義だから

電話恐怖症には完璧主義の人がよくいます。完璧主義の人は100点でなければ0点と同じという考え方をします。しかし目標が高いといくらがんばっても合格点になりません。

たとえば電話に関しても、出ることさえできない人がたくさんいるわけですから、出られればそれでOKだと思います。しかし完璧主義の人はそれでは我慢できず、理路整然とした美しくて正しい日本語で応対することをめざそうとします。

ミスしてはいけない、聞き返してはいけない、よどみなく話さなければならないと思っているので電話がこわくなってしまいます。こういう人はハードルを下げることを学ぶとかなり生きやすくなります。

時間を奪われるのがいや

自分の都合に合わせて、読んだり返信したりすればいいメールなどのテキストと違って、電話は自分の時間も相手の時間も奪います。強制的に時間を奪われることへの忌避感が電話恐怖症につながる人もいるでしょう。

しかし理由がそれだけなら、わりと簡単に解決できます。たとえばかかってくるのがいやだったら、消音にしておくなど鳴らないようにしておけばすみます。私は家で仕事に集中したいとき、電話に邪魔されたくないので、電話線まで抜いていたことがありました。

会社の電話でさすがにそれはできませんが、フレックスタイム制だったら、電話が鳴らない時間帯に出社して、大事な仕事に集中することはできます。

また「電話は何時から何時までの間にお願いします」とか「電話に出られないこともありますので、留守番電話にひと言お願いします」とあらかじめ伝えておけばいいでしょう。メールの署名欄を設定するさい、電話のところに、電話応対コアタイムを明記することもおすすめです。

受付時間がはっきり書いてあるほうが、相手も安心なのではないでしょうか。

自己肯定感の低下にも一因が？

さて、電話恐怖症になる根本的な原因として、前章では２０１５年ごろから、「人とどうかかわるのか、コミュニケーションの問題が浮上してきている」と指摘しました。

では、なぜそのころからコミュニケーションがうまくいかなくなり始めたのでしょうか。私なりに思い当たるのは「ゆとり世代」の問題です。２０１５年というとちょうど

「ゆとり世代」が10歳から27歳を迎えるころ。半数が社会人になろうかと思われる時期と重なります。

そしてその10年後、彼らは20歳から37歳を迎えます。つまり２０１５年からの10年間で、社会における新人、若手社員のほとんどが「ゆとり世代」で占められるようになったのです。

新人社員に以前とは異なる顕著な変化があらわれたとすると、それは「ゆとり世代」の入社と無関係ではない気がします。

ではなぜ「ゆとり世代」がコミュニケーションの問題を抱えるようになったのか。これは産業カウンセラーとしての私の肌感覚ですが、この世代はその前のX世代（１９６５~１９８０年生まれ）やY世代（１９８１年~１９９６年生まれ）に比べると自己肯定感が低いように感じます。その原因は「ゆとり教育」が極端な平等性にとらわれていたことではないでしょうか。

たとえば運動会では順番をつけると差別になるから、みんな一緒に手をつないでゴールするとか、玉入れで赤が勝つと、お片づけでは白を勝たせて勝敗なしにするなど、ユニークなやり方をする学校も珍しくありませんでした。

成績もテストの点数ではなく、手を挙げた数でカウントしていた学校もあると聞きます。みんな一緒、できなくてもいいんだよ、という平等性は一見、自己肯定力を育てる教育と思われがちですが、まったく逆で、人間は自分の自己顕示欲や承認欲求が満たされないと、自己肯定感が低くなってしまうのです。

本来、運動会や成績表は自己顕示欲や承認欲求を満たすかっこうの材料でした。算数ができなくても、かけっこが速ければ、みんなから認められて承認欲求が満たされます。運動が苦手な子でも、勉強ができれば、自己肯定感が高まります。

でも努力しても評価に結びつかず、みんな一緒にされてしまうと、自分から発信したり、意見を主張したりすることに足かせがかかってしまうのではないでしょうか。

また、一歩抜きんでるということが否定的に解釈されるようになったようにも思います。

ケース1で紹介した給湯室からズームにアクセスしてきた社員や、飲み物の間違いを訂正できない若者が増えてきた背景にはそうした社会環境の影響もあったと思うのです。

電話恐怖症の増加も、たんに電話機に慣れていないからとか、テクニックを教えれば解決できるというような問題ではなく、背景にコミュニケーションのあり方がある、と私が考えるのは、そうした理由があるからです。

コラム1　電話に慣れていない世代への接し方

職場ではもちろん、プライベートでもいろいろな世代がいて、さらに個人差もあります。電話にまったく慣れていない世代もいるので、最初にどういうツールを使うのか、すりあわせできるのが理想です。

とくに若い世代は自己主張をしたがりません。言えないだけでなく、面倒くさいのもあるようです。若い学生を見ていても思いますが、ちょっと問い合わせをすればすむ話なのに、やりません。必要最低限の接点だけにしぼって、それ以上はやらない。

ですから、余裕があれば「どのツールにする?」と相手に選んでもらってもいいですし、緊急性が高かったり、すぐレスポンスが必要だったりしたときは「緊急のときは電話ね」「日時の連絡はメールで」「報・連・相のうち、この部分は電話でやって、あとは電話が終わったあと要点をまとめて文字ツールにして送って」など、取り決めをしておくのが大事だと思います。

「メール、見たか?」「既読はついたが、いつ返事がくるのか?」などテキストツールの確認に電話を使うのは、時間のむだ以外のなにものでもありません。急ぎの用事や必ず確認の必要な案件は、テキストではなく、ダイレクトに電話を使うようレクチャーすることが大切です。

なお、最近はパワハラ問題もあって、上司が部下を指導しにくいという相談もよく受けます。しかしあまり過敏になってしまうと、業務も立ち行きませんし、コミュニケーションも深まりません。

若い人に迎合して、それに合わせなければいけない、ということはありません。もちろん相談されたり、何か訴えて来た場合は、聞いてあげるスタンスが大事ですが、業務で指示したり、指導したりするときは、教える側が主導でかまいません。

やりとりのキャッチボールさえ心がけていれば、電話が苦手という部下にも、電話が使えるよう誘導し、指示を与えて問題ないと思います。

――――――――

第3章　電話の知られざる意義

電話のメリットは情報量の多さ

連絡手段として電話を使う若者は1％。こんな話を聞くと、もう電話の時代は「終わった」と思ってしまうかもしれません。しかし電話には、文字ツールにはないメリットがあります。

まず何といっても細かいニュアンスが伝わること。たとえば謝罪の言葉を述べるにしても、文字で「もうしわけありませんでした」とポンと送られてくるより、電話で「ほんとうに、もうしわけございませんでした！」「実はこれこれの事情でして」と直接説明したほうが、気持ちが伝わります。

声の表情にのせてニュアンスや詳細が伝えられるので、文字だけに比べてはるかに情報量が多く、より正確に相手に思いが届くからです。

数分間にしゃべる量は文字に直すと1000字にも達することがあります。もし同じ量のメールを書いたとしてもすべては読んでもらえないでしょう。チャットでも用件は通じるからいいという意見に対しては、文字と会話では圧倒的な情報量の差がある、ともう上げておきましょう。

「お話がしたいので、いついつはどうですか?」という内容ならチャットなど文字ツールで大丈夫です。でもその「お話」の中身は文字ツールでは伝えられません。文字にしたらそれこそ何千字、何万字の分量になってしまいます。

日時の確認、用件の確認には文字ツールは最適です。言った、言わないのトラブルが避けられますから。しかし、込み入った用件の中身は、電話なり、対面なり、きちんと自分の口で伝えるのが正解です。

またその場ですぐ言い直しができるのも、電話のいいところでしょう。文字だと相手にどう受け取られたかすぐには確認できません。また間違って受け取られたものがそのまま訂正されずに残りつづけるリスクもあります。

人間関係はお互いのちょっとした理解のすれ違いから、大きな亀裂に発展することも多いものです。すぐ言い直したり、訂正できたりするのは電話の大きなメリットです。

自己肯定感が低い人だと、メールのほうがとりつくろえて安心だと考えがちですが、実は電話で話して人柄がわかったほうがお互い距離が縮まって、トラブルを未然に防ぎやすいのです。

これに関連して、電話なら、相手の意向がすぐわかるので調整がしやすい利点もあげられます。文字だと情報のやりとりはできますが、そこから派生した解決策や次の提案がすぐにはできません。電話なら、その場で臨機応変に対応できる点が大きなメリットです。

また文字にくらべて圧倒的に情報量が多いので、相手の人柄が伝わりやすく、関係構築のツールとして役に立ちます。

記録に残らないのがデメリット

一方デメリットは、お互いの時間調整が必要なことでしょう。マルチタスクで多忙な方が多いので、都合を合わせなければいけないのは、最大のデメリットだと思います。相手の都合を聞かずに電話をしてしまうと、貴重な時間を奪うことにもなりかねません。著名人などの影響か、電話は自分の時間を奪う最たるものだ、として電話に出ないことを公言している人も最近は多く見受けられます。

また電話は記録に残らない点が要注意です。あとで「言った・言わない」のトラブルになるのは電話です。今はメールなどがあるので、あまり頻繁ではなくなりましたが、電話だけの時代では、「伝えました」「聞いていません」の不毛なやりとりがずいぶんありました。

とくに思い込みの強い人への電話は、気をつけたほうがいいでしょう。身近な例ですが、最近こんなことを聞きました。

宅配食材をとっている方が、転居が決まったので、早めに電話で日程を知らせました。するとその後、ぱったり食材が届きません。

電話で問い合わせると、勝手に注文がキャンセルされていたのです。転居はまだ先なのに、先方は転居だから即キャンセルだと早とちりしてしまったのでしょう。文字ツールなら何月何日と記録が残るので、間違いはありません。でも電話のように口頭だと、前述のような間違いも起こりやすいのがデメリットです。

電話の場合、売り言葉に買い言葉も気をつけたほうがいいでしょう。思わぬ失言で関係を悪くすることがあります。また安請け合いしがちな人は、つい電話で口走ってしまったことをやらなければならなくなることもあります。

瞬発的に反応するのが電話なので、失言しやすいデメリットはあります。ただすぐ言い直せるのも電話のメリットですから、デメリットとメリットを上手に使い分ければ、まだまだ使える便利なコミュニケーションツールだと思います。

電話は旧世代のメディアか

これだけＩＴ技術が発展してくると、電話はもう不要なのではないかという議論も生まれます。でも私は電話が旧世代のツールだとは思っていません。

文字ベースの伝達と電話による会話では、圧倒的な情報量の差があります。文字だけだと、認識の違いを正したり、誤解を解いたりするのがひじょうに難しい点があります。

また文字は、受け手側の心理状態や多忙状況によって読み飛ばされるリスクが大きくなります。メールを開封しただけで、内容を把握できていないことはよくあるケースです。

でも電話を補完ツールとして使えば、そうした齟齬《そご》もなくなります。電話は旧世代からあるメディアではありますが、現代でも文字ツールと並行して使用していくことが大事ではないかと思います。

ここでひとつ疑問が浮かびます。かなり前にテレビ電話が開発され、流行するのではないかと言われたことがありました。でもほとんど普及しませんでした。

なぜでしょうか。それは、画像つきだと身なりや状況に気を配らなければならないからです。寝起きのパジャマ姿やバスタオル一枚のお風呂あがりでは、突然のテレビ電話に応対できません。

コロナ禍のときにも、在宅ワークで上司や先輩にウェブミーティングでつなぐと、プライバシーがのぞかれてしまうようでいやだという相談が寄せられました。「へえ～、そういう部屋に住んでるんだ」とか「意外と部屋、きれいだね」などと言われて、セクハラ問題に発展したこともあります。

今はズームなどでも背景をぼかすことができますが、アバターを使わない限りは、ノーメイク、髪ボサボサで出られないのは同じです。

その点、電話（音声ツール）は声だけでのやりとりができるのでこうした点からもこれからも残っていくツールだと思います。ただ、働き方も多様化、グローバル化して、24時間体制になっているので、お互いに時間調整が必要な電話は、主要な伝達ツールとしては機能しなくなるでしょう。

つまりあくまで電話は、補完的なツールとして生き残りつづけるはずです。ただし固定電話に関しては、その場所に行ってかけなければいけないという大きな制限もあるので、徐々になくなっていくでしょう。

最近は公衆電話も見かけなくなりました。私もこの間、学生と話していたら、公衆電話の使い方がわからないと言われてびっくりしました。「10円玉を入れても、全部落ちてきちゃうんです」と言うのですが、受話器を上げてから10円玉を入れるという基本的なことすら、わからないのです。

公衆電話も緊急用のものを残して、そのうちなくなってしまうのかもしれません。

電話と文字ツールの使い分けはどうする

今後は電話とチャットやメールなどの文字ツールを使い分けていくことになりますが、

どのような住み分けが便利でしょうか。

基本的にアポイントを取るのや内容確認はメールなどがいいでしょう。「言った」「言わない」のトラブルを避けるためです。

一方、詳細のすりあわせや心情を伝えるには電話がおすすめです。たとえば相手への依頼や謝罪、相談などお互いの意見交換や込み入った説明が必要な場合は電話のほうが圧倒的に便利です。

「すみませんでした」というメールが送られてきてそのままというより、電話で状況を詳しく説明したり、もうしわけない気持ちを伝えたりするのが大事です。また相談ごとはメールであれこれ説明するより、電話で話したほうが時短にもなるでしょう。

心情を伝えるときも、文字ツールより電話のほうが適しています。文字で気持ちを伝えるのはたいへん難しいと心得ましょう。

こまごまと自分の心情を書きつづっても、ラブレターではありませんから、もらったほうが困るだけです。文字で伝えるのは経緯《けいい》や事実だけ。心情や説明など長くなりそうなものは電話で伝えたほうがいいと思います。

ただ電話は相手の都合もあるので、先に文字ツールで電話のアポイントを取ってからかけるのがマナーです。とくに初対面の相手にいきなり電話をするのは、相手の自宅に突然訪ねて行くのと同じくらいインパクトがあるものと認識しておきましょう。

今は初めての相手にいきなり電話をかけたら、だいたい出てもらえないのがふつうです。運良く出てもらえたとしても、相手は「誰だろう?」と身構えているので、最初からマイナスのスタートになってしまいます。

また何かを依頼する場合も、ルーティンのことなら、メールなど文字ツールでかまいませんが、新規の案件や補足説明が必要なさいは、メールで用件を伝えたあと、電話で補足の説明をするのがいいでしょう。

電話をしないと戸惑われることも

私もときどきメールで新規の案件の依頼を受けますが、内容がよくわからないことがあります。そういうときは返事のしようがありません。新規の場合は、送られたほうにもいろいろ聞きたいことがありますから、メールを送ったあと、電話でフォローするのがいいと思います。

なお一部の人たちには、メールより電話のほうが丁寧という価値観があることも覚えておいてください。私の知り合いの編集者は、著者の先生にいつもメールで連絡をしていました。

相手は忙しい方なので、あえて時間をとらせないメールでというその編集者の配慮だったのですが、「あなたはいつもメールだけで、電話一本かけてこない。失礼な人だ」とお叱りを受けてしまったそうです。

このように人によって価値観はいろいろですから、可能なら最初に連絡ツールをどうするか、すり合わせをしておいたほうが安心です。

電話応対がうまい人は仕事ができる?

電話応対は適応力がないとうまくできません。聞かれたことに即答できたり、きびきびと打てば響くような反応ができたりすると、「仕事ができる人だなあ」という評価を受けやすいでしょう。

また電話はちょっとした不安や疑問に答えてもらえる場合もあります。わからないことを電話で聞いて即答してもらえると、「ああ、そういうことですか。ありがとう」ととても安心して、相手への信頼感が生まれます。

また電話では、「おつかれさまでした」とか「今日も雪が降ってたいへんでしたね」という、ちょっとした短い言葉を交わすこともできます。顔が見えない分、雑談が交わしやすい側面があって、親近感が増します。

これをメールなど文字ツールだけで表現しようとすると、かなり難しいのではないでしょうか。こちらは親しみをこめたつもりで絵文字やびっくりマークを使っても、それを可愛《かわい》いと感じるか、感じないかは相手次第です。

親しみをこめて、絵文字を入れたり、ため口の話し言葉で書いたりしたら、「何をばかにしてるんだ！」と怒られた人もいました。びっくりマークを入れただけで失礼だと言われた人もいたそうです。

もちろん昔はペンフレンドがいたり、文通だけで結婚したりした人もいたわけですから、メールでも何回かやりとりしていれば、相手の人柄を感じることはできるかもしれません。しかし一般論としてまったく面識がない相手とメールだけで関係を築くのは難しいと思います。相手がどういう立場でどういうことをしている人なのか、文字だけだとわかりにくいからです。

その点、電話なら自分の疑問をすぐ打ち返すことができて、相手からもすぐ答えが返ってくるので、不信感を抱きにくいでしょう。

親近感を形成しておくことはトラブル回避にも役立ちます。電話で親しみを感じている相手だと、たとえば期日が遅れても「大丈夫。そういうことってありますよね」ですむこともありますが、メールでしかやりとりしておらず、声を聞いたことがない相手だと、「私のところだけ期日に遅れているのではないか。私は後回しでいいと思われているのか」と被害妄想がつのり、トラブルが大きくなることもあります。

電話で関係構築が楽になる

人とのコミュニケーションはキャッチボールにたとえられます。

要するに相手から来たボールを受け止めて、投げ返すことをくり返しながら、コミュニケーションが進んでいきます。

その訓練に電話がうってつけなのです。電話では声だけしか聞こえず、情報がそこだけしかありません。そのため対面の会話より聞き直したり、確認したりが多くなります。また電話をかけるときは、ある種の緊張感が生まれます。うまく応対するための瞬発力が必要ですし、相手から飛んでくる予測ができないボールに対して、いちいちパニックにならずに対応できる柔軟性も大切です。

それらがうまくいくようになると、適度な緊張感はありつつもリラックスして人とかかわれるようになります。

つまり電話が得意になると、コミュニケーションがうまくなり、あらゆるビジネスシーンで強くなれる。その練習台としても電話は有効だということです。

メールだけですませるとトラブルに

用件を伝えるだけならメールで十分ですが、「あれ、この人ちょっとわかってないかな」とか「内容が込み入っているので、きちんと伝えたい」とか「やっぱりすれ違っているかな」など、はてなマークが頭に浮かんだり、ニュアンスを追加したりしたいときは、文字ではなく電話のほうが便利です。

相手が内容を理解していないまま次のことが進んでしまうと、いずれ平行線どころか大きく乖離《かいり》して、とりかえしがつかないことにもなりかねません。

また何を伝えたいのか、中身が曖昧なメールも人をイライラさせます。私もよく仕事の依頼のメールをいただきますが、メールだけだと何をお願いされているのか、内容がよくわからなくて困ることがあります。

たとえば「コミュニケーションについての講演をお願いします」と言われても、コミュニケーションのいったい何を話せばいいのかさっぱりわかりません。

「できるだけ早めにご回答ください」というメールも、いったい、いつまでに返事をしなければいけないのか、今日中なのか、数日後でもいいのかわからないわけです。

以前の私は、「コミュニケーションの何についてお話しすればいいですか」「何日までにお返事すればいいですか」とメールしていました。

しかし、そうすると何度もメールでやりとりすることになり、モヤモヤするので、今はこちらから内容や期限を提示するか、急ぎの様子なら、こちらから電話で確認するようにしています。

もめそうなときは必ず電話で

もめそうなときは、お互いの思うところがすれ違っているはずなので、メールですませようとすると、何回もやりとりしなければなりません。そういうときは時短ツールとして電話を使うべきです。

「これはこういうことですか」「これはどういう意図がありますか」「どの程度これをやらなければいけませんか」など、あれこれ確認するときは、電話のほうがメールより圧倒的に短い時間ですみます。

コロナで在宅ワークになったとき、オンラインのメールで指示を出すようになったら、提出されるものが、自分が思っていたものと乖離《かいり》しているという声をよく聞きました。

オフィスにいるときは、同じ指示を出しても、きちんとしたものがあがってきたのに、コロナになってメールの指示になったとたん、意図しないものが出てくるようになって困ったというのです。

それはなぜかという話になったのですが、おそらく社内にいるときは、関連する情報が自然に耳に入ってきていたのだろう、という結論に落ち着きました。たとえば後ろで「明日会議だよね」という声が聞こえてくる。明日はそのための資料が必要だなという何となくの下地ができていて、そこに指示が入ってくるので、「ああ、あのことね」とすぐに取りかかれたわけです。

でもメールだけだと情報の純度はとても高いのですが、範囲が限られてしまいます。おそらく電話だともう少し情報量が多くなるので、「どうも正確に伝わっていないようだ」というニュアンスが、相手の電話の声色や返答から伝わってきます。また周囲の雑音も含めて雰囲気が拾えるので、メールよりズレは少なくなるでしょう。

また私の個人的な感覚でいうと、メールのように文字だけでもらうと、相手のことを人としてあまり認識できないことがあります。とくに会ったことがない人だと、チャットトナ相手にAIと話しているのとあまり変わらない感覚になります。

そうなると、相手に体温を感じず、ヒートアップする人はしてしまうし、無視する人は徹底的に無視してしまう。

少なくとも電話だと相手の呼吸を感じます。生身の相手が電話の向こう側にいると感じられると、メールだけのやりとりよりは理不尽なことが減るのではないでしょうか。

第4章　電話がこわくてたまらない人の初めの一歩

コミュニケーションはキャッチボール

人とのコミュニケーションはキャッチボールにたとえられる、と前章で述べました。相手が受け取りやすいようにボールを投げる。相手が返してきたボールはきちんと受け止めて、また返す。このくり返しです。

「これはどうですか」とボールを投げると、「ああ、これについてですね。それはこういうことなんです」と投げ返し、それをまた「ああ、そうなんですね。ではこれはどうですか」と受け止めて投げ返す。

そのキャッチボールができることが、すべてのコミュニケーションがうまくいく基本です。

これがキャッチボールではなく、即打ち返すラリーになるとコミュニケーションはうまくいきません。

「これはこうですね」と相手が言ってきたことに対して、「それはですね」と即打ち返して、いきなり自分の話を始めてしまうのがラリーです。

相手には「話を聞いてもらえなかった」とか「そうじゃないのに」と思わせてしまうことになり、感情が宙に浮いてしまいます。

たとえば「この日お休みしたいのですが」と言ったときに、「この日、休み希望なのね」と一度言葉をキャッチしてもらえれば、「休みたい」という気持ちを受け止めてもらったと感じられます。

でも「え、なんで？」といきなり返されると、「休みたい」という気持ちが宙に浮いたまま、ボールが打ち返されてしまいます。コミュニケーションはラリーではなくキャッチボールのように、相手の感情を受け止めてから返す、ということをくり返さなければいけません。

キャッチボールがうまくいかない人は、相手が言った言葉をそのままくり返してみましょう。これは「くり返し」というカウンセリングの手法です。相手が言った単語またはフレーズの一部をくり返します。

相手が「昨日、部の会議だったんですが、意見がまったく通らなくて、落ち込んでしまいました」と言ったとします。「そんなの当たり前だよ。まだ君は新人なんだから」

とすぐに打ち返してしまうのはキャッチボールではなく、ラリーです。

そうではなくて、いったん相手の言葉をくり返して「会議だったんだ」とか「落ち込んだんだね」と受け止めます。

その上で、「君はまだ新人だから、最初はなかなか意見が通らないかもしれないね」と言ってあげれば、相手は気持ちも聞いてもらえて、アドバイスも受け止めやすいでしょう。

キャッチボールは平らな場所で

キャッチボールは原則としては平らな場所で行うことです。

2階の人と3階の人がキャッチボールをしたら、2階の人はとてもたいへんです。3階にボールを投げ上げるには力とコントロールが必要です。3階から投げられたボールを取るのも難しいでしょう。

組織は上下関係があるので、こうした力関係を理解せずに、上の者が下の者にボールを投げると、うまくキャッチができません。上の階の人が「そんなボールを投げてどうするんだ！」とか「なぜ、これが受け取れないんだ」と怒ったら、それはハラスメントにもなります。

平らな場所でキャッチボールをするように、上司は部下が受け取りやすい、優しい言い回しが必要です。

恐怖を否定しないで受け止める

電話に対してどうしても恐怖心をぬぐえない場合、どうしたらいいかについてふれておきます。

電話がかかってくるとこわいとか、電話で話すのがいやだという感情を否定すると、逆にその感情が高まってしまうことがよくあります。自然にわき上がってきた恐怖や嫌悪感を、「こんなことを考えてはいけない」とか、「こんな私じゃダメだ」と抑圧すると、その感情があることを自分で認識できなくなり、自分自身の気持ちが正確につかめなくなってきます。

だから感情にふたをしないで、自分自身に向き合う必要があります（この点は第7章で詳しく説明しましょう)。

恐怖を抑圧すると起こるもうひとつの可能性は、抑圧した感情そのものが強化されるということです。

「こんなことを考えてはいけない」「こわいと思ってはいけない」と思っていると、無意識下でその感情に執着してしまうので、感情が強化され、そこから抜け出せなくなってしまうのです。

心理学に「シロクマ実験」という有名な実験があります。シロクマの映像を見せて、Aグループには「シロクマを覚えておいてください」、Bグループには「シロクマのことを考えても考えなくてもかまいません」、Cグループには「シロクマのことをぜったいに考えないでください」とお願いしたところ、シロクマの映像を一番覚えていたのは、「ぜったいに考えるな」と言われたCグループだったのです。

つまり否定すればするほど、否定したものが自分の中で強化されてしまうわけです。「電話がこわい」という感情も、「こわいと思ってはぜったいダメだ」と否定すると、ますます強化されて、こわさが増す可能性があります。

ですから否定しないこと。むしろこわいと思ったほうがいいでしょう。無理にその気持ちを消したいとか、克服しようと思わずに、「ああ、今、私はこわいと思ったんだ」と抑えつけずにそのまま感じて受け止めるのです。

そして私の場合は、「ああ、こわかった。すごくいや。あの人、むかつく」などその気持ちをそのまま感じつづけます。ずっと感じていると、とても気分が悪く、むしゃくしゃしますが、経験的にそのほうが早く気持ちに折り合いがつけられます。「ま、いいか」と思えるようになるのです。

もちろん、自分一人で胸に抱え込んでいると、落ち込みそうになるので、いろいろな人に「ねえ、聞いてよ。こんなこと言われてね」と話したり、誰もいないところで「ほんとにいや!」と声に出して感情をオープンにしたりしているうちに、「ま、いいか」と思えるようになります。

恐怖を克服するには、恐怖を無理に否定しないことが重要です。

電話への恐怖をやわらげる段階的暴露法

電話への恐怖はいろいろあります。電話機に慣れていなくて、電話機そのものが苦手な人もいれば、かけるのがこわい人、受けるのがこわい人、電話でクレームを言われたり、言われたことの理解ができなかったりするのが嫌な人などさまざまです。いずれにしても、電話恐怖症の人は電話そのものに苦手意識を持ってしまっているので、まずは電話というツールに慣れることが先決です。

ツールに慣れるには「段階的暴露法」という方法があります。

少しずつ対象に慣らしていくというもので、たとえばエレベーターに乗れない人が、最初はエレベーターの前まで行って戻る。それをくり返して、大丈夫になったら、今度は扉が開くまで待っている。

扉が開いても大丈夫になったら、今度は乗ってすぐ降りるをくり返します。それができるようになったら、いよいよ一階上までエレベーターで行ってみる。そのようにしてエレベーターに慣れていくのが「段階的暴露法」です。

電話の場合だったら、家庭内で電話機に慣れる練習をするといいでしょう。固定電話の親機と子機を使ってもいいですし、固定電話がなければ携帯電話で違う部屋からかけてもらってもいいでしょう。

まずは家族や気心の知れた友人に電話を鳴らしてもらいます。着信音が鳴ったら、電話に出る。最初は出るだけ。すぐ切ってかまいません。鳴ったら出てすぐ切る。鳴ったら出てすぐ切る。

着信音に慣れてきたら、次は電話に出たあと、ひと言言って切ります。「もしもし」でも「こんにちは」でもかまいません。それにも慣れたら、少し電話で話してみます。そうやって少しずつ段階的にできるハードルを上げていくのです。

その方法が難しければ、新規の美容室やレストランに問い合わせの電話をしてみるのもいいでしょう。万一、電話で何か失敗しても、そこには行かなければいいだけなので、気が楽です。

コールセンターや電話相談窓口に電話してみるのもいいでしょう。今はメールやチャットで問い合わせができますが、そこをあえて電話してみるのです。コールセンターや電話相談窓口は丁寧に応対してくれるので、やりやすいと思います。

「少しお待ちください」と言われたときには、「ではかけ直していただけますか」と一度電話を切って、向こうからかけてきてもらうのも練習になります。

電話が苦手な人は、自分に電話がかかってくること自体、少ないと思うので、なるべく人からかけてもらうような状況をつくりましょう。

電話が苦手な部下がいたら

友達とのやりとりを、ＬＩＮＥなどのＳＮＳではなく、電話にするのもおすすめです。また固定電話に慣れていない人は、会社の固定電話を使って内線にかけてもらったり、連絡もメールやチャットではなく、内線電話を使ったりするといいでしょう。

電話が苦手な部下がいたら、ふだんはメールでやりとりする報告を1日1回は練習のために電話にしたり、欠勤の報告は必ず電話にしたりと、無理のない内容やタイミングで電話を使う取り決めをしておくといいと思います。

ツールに慣れるのが目的ですので、とにかく場数を重ねてください。私も今でこそ、平気で電話をかけたり、受けたりしていますが、社会人になりたてのころは電話が大の苦手で、会社に行くのが憂鬱になったこともありました。しかし、場数を踏むうちに慣れてきました。

そのうち電話相談で理不尽なクレーマーにも平常心で立ち向かえるようになったのですから、誰でも電話の恐怖は克服できます。

電話を毛嫌いせずに、日常使いできるように場数を踏んでみましょう。

着信音を工夫する

電話がこわい人は、電話の着信音が鳴っただけでドキッとします。恐怖心はそこからもう始まっているので、着信音を工夫するといいでしょう。

知り合いは、一時期電話に出るのがこわくなったことがあったのですが、ものすごくコミカルな着信音に変えたところ、着信音が鳴るたびに愉快な音が聞こえ、恐怖心が少しやわらいだと言っていました。

着信音は種類がたくさんあるので、いろいろ鳴らしてみて、自分が一番恐怖を感じないものに変更するのがいいと思います。

また着信音は音量を変えられますので、電話が鳴るとドキドキする人は、一番小さな音にする方法もあります。携帯がブーと震えて鳴るのがこわい人もいましたが、そういうときはバイブレーションをなくすなど、自分の恐怖が軽くなるパターンを試すことです。

ちなみに私は固定電話も携帯も思い切って消音にしています。家で仕事をしていて、集中したいときやオンラインで収録があるとき、最近は、固定電話に重要な案件がかかってくることはないので、電話線そのものを抜いてしまいます。

電話がかかってきたのがわからなくても、着信履歴を見て、あとでかけ直せばすみます。少なくとももう5年以上、バイブレーションもなしの完全な消音にしていますが、まったく問題はありません。

電話をかけるときの第一歩

電話をかけるとき、かける前からドキドキして、相手が電話口に出たとたん、頭がまっ白になってしまう人がいます。とくに電話での会話に慣れない新人によくみられる現象です。

相手が電話口に出てもあわてないよう、緊張する人は、話す内容をあらかじめメモしておくことをおすすめします。ただし長々と書いてしまうと、電話しているとき読めないので、要点やキーワードだけにしたほうがいいでしょう。メモがあれば、言い忘れも防げます。

また電話をする環境も大事です。慣れてくれば、どんな場所でも電話に集中できますが、慣れていないうちは、周りの目も気になるもの。人に聞かれたくないときは、場所を移すのがいいでしょう。自分が落ち着く場所や個室からかけてください。

落ち着かない場所にいて、向こうからかかってきたときは、かけ直していいと思います。「すみません。かけ直します」でもいいですし、「5分後にかけ直してください」でもかまいません。

第1章で、自分が話している内容を人に聞かれるのがこわいという人たちを紹介しましたが、電話に慣れるまでは、どんどん自分が話しやすい環境を見つけてください。

電話をかけたとき、緊張して冒頭のひと言につまる人もいます。

そういうときは、冒頭のひと言だけ目の前に貼っておいてもいいでしょう。私は電話相談の業務の際に第一声で迷わないよう、この番号でかかってきたらこう言う、○○を確認する、など必要となることを、全部付箋《ふせん》に書いて貼っていました。

最初はこの台詞で出る、ということを確認できると、パニックにならずにすみ、安心できます。

かけるタイミングが悪いのかも

電話をかけたとき、相手の声色を聞いて、「まずいときにかけてしまったかな」と思うことがありませんか。たしかに電話は相手の時間を奪うので、かけるタイミングが気になります。取り込み中にかけてしまって、邪険に扱われると、それがトラウマになって、電話をかけたくなくなる人もいるでしょう。

電話恐怖症の人は、そもそも電話がこわいのですから、相手に気持ちよく電話に出てもらうためにも、いつ電話していいかアポイントを取っておくのがよいと思います。

相手からかけてもらう場合も、時間を決めておきましょう。そうすれば「いつかかってくるだろう」と一日気もそぞろで待っているうっとうしさがなくなります。

そのさい、ピンポイントに時間を決めてしまうと、お互いその時間ぴったりに出られないこともあります。ですから「何月何日の11時前後」というように、ある程度幅を持たせて時間を指定するのがいいでしょう。

電話を簡潔に終わらせる方法

電話が苦手な人は、電話を切るタイミングでの終わりのひと言もすぐには出てきません。

しめの言葉をいくつか用意して、貼っておいてもいいでしょう。「今日のお話は以上です」「用件は以上です」「お話ししたいことは以上です。ほかに何かありますか」など、自分の意思をきちんと伝えましょう。

相手の電話が長くてなかなか終わらないときは「すみません。私、このあとスケジュールが入っていて」とか「3時から次のアポイントが入っているんです」と言えば、角が立ちません。しかし、途中で切り出すのも、タイミングが難しいことがあります。

話す内容をもとに、今日の電話は何分と時間の目安を決めておきます。約束をする際に「何月何日何時ごろから、30分程度、お時間いただいてもよろしいでしょうか」とあらかじめ知らせておくことをおすすめします。

すると話がダラダラつづいても、「そろそろお時間ですので」と切り出すことができます。友達と電話で話すときも、「今日は何時まで平気?」と時間を聞くなど、気づかいのできることが大切です。

最初に時間の目安をお互いに共有しておけば、「もうそろそろ」と言っても失礼にはなりません。仕事でもプライベートでもその姿勢を見せていると、相手も合わせてくれるようになります。

今は世の中が忙しくなっていて、ビジネスの場でも、プライベートでも時間のむだが許されなくなってきました。電話でアポイントを取るときに、日時だけでなく、「お話ししたいことがあるので、10分ほど時間をいただきたいのですが」というような時間の目安も伝えるのが常識になっていくでしょう。

「間」は大切なコミュニケーション

電話でも会話でも、「間」があくと、極端にこわがる人がいます。そうすると、それを回避しようと頑張って自分からしゃべってしまう傾向が強くなります

「間」を恐れている知人は、結婚前、両家がそろった顔合わせの席で、「間」があきそうになったので、たまらず先に立って場を仕切っていたら、「でしゃばりな人だ」と先方からいたく不興を買ったと言っていました。

「間」は大事なコミュニケーションなので、もし会話のボールが相手にある場合は、破らないのがマナーです。

「間」に対して何か言わなければいけないと焦る必要はありません。その「間」を使って、相手は話すことを考えていたり、本当は言いたいことがあるのに言いよどんでいたりする可能性もあるからです。

「間」それ自体が大事なコミュニケーションと考え、基本的には破らない意識でいたほ

うがいいでしょう。

黙ったままだと、とくに電話の場合は相手やこちらの息づかいが聞こえて「よけいに気まずくなる」という人もいます。私は受話器の送話口をふさいだり、携帯ならミュートにしてしまって、お茶を飲んだりしています。それくらい気楽な気持ちでいてください。電話ならそれができるので便利です。

もしそこまでできないという人は、相手の言葉のスピードに合わせるという方法もあります。

カウンセリングでは相手の呼吸に自分の呼吸を合わせることをするのですが、そうすると相手のテンションに合ってきて、会話がしやすくなります。電話だと、呼吸のリズムを目を見て確認することが難しいので、語調を合わせるイメージです。

ゆっくり話す人なら自分もゆっくり。早口で話す人なら、自分も早く話すわけです。「間」を使って相手のペースに合わせる機会にすればよいでしょう
数秒でも沈黙がつづくとつらくなると思いますが、そこは我慢です。基本、私は10秒くらいは黙っています。それ以上「間」がつづいて、それでも相手から何も言ってこな

い場合だけ初めてこちらから口火を切ります。

「間」があくと、話がはずまず、面白くなかったのでは、と気にしがちですが、そんなことはありません。とうとうと「間」がなく話しているときほど、本質的ではないどうでもいい話だったり、一方的な相手の自分勝手な話であったりすることが多いものです。「間」が意識が自分に向いたり、自分で考え始めたりするから「間」があくのです。「間」があき始めたら、そろそろ相手は本題に入ったと思いましょう。そうなったら、気合を入れて話を聞けばいいのです。

もし会話が変にかみ合わないとか、タイミングが合わない場合は、相手の「間」を邪魔しているかもしれません。「間」をこわがって、よけいなことを話して失敗する人はけっこういるものです。

「間」があいたらラッキー！くらいに思うことが大切です。

言葉の使い方にコンプレックスがある

ＳＮＳの急激な広がりで、書き言葉と話し言葉が混じってしまう例がよく見られるようになりました。また若者言葉がビジネス言葉に混じってしまうこともよくあります。何気なく若者言葉を使ってしまい、年配の方に「失礼だ」と怒られて、電話がこわくなってしまった人もいました。

ビジネスでは基本的に「タメ口」は避けるべきでしょう。トラブルになりやすいケースです。また上司が部下に対するときも、今はハラスメントの問題もありますので、です、ます調の丁寧語で話すのが無難です。

私の所属しているコミュニティでも、私は全員を「さん付け」で呼ぶようにしています。これは平等性を担保する上でのマイルールでもあります。誰かを「ちゃん付け」で呼んで、誰かを「さん付け」で呼んだら、「ちゃん付け」で呼ばれたほうは見下されたような気がし、「さん付け」で呼ばれたほうは疎外感を感じるかもしれません。

どんなコミュニティでも平等性は大切ですが、とくにビジネスシーンでは丁寧語を徹底し、誰に対しても平等に丁寧に接することが大切です。

敬語の使い方に自信がないという人もいますが、言葉は時代とともに変化しています。あまり神経質になる必要はないでしょう。ただ、「承知しました」（上に対して）／「了解

敬語はこの八つだけ覚えればOK

	尊敬語	謙譲語	丁寧語
言う	おっしゃる	申し上げる	言います
思う	お思いになる	存じる	思います
会う	お会いになる	お目にかかる	会います
もらう	お納めになる お受け取りになる	頂戴する いただく	もらいます
行く	いらっしゃる	伺う	行きます
来る	お越しになる	参る	来ます
する	なさる	致す	します
食べる	召し上がる	いただく	食べます

しました」(下に対して)と、「おつかれさま」(上に対して)／「ご苦労さま」(下に対して)は、気にする人もいるので、使い分けたほうがいいと思います。

敬語は基本八つの動詞を知っていれば大丈夫です。八つとは「言う」「思う」「会う」「もらう」「行く」「来る」「する」「食べる」です。

それぞれの尊敬語、謙譲語、丁寧語が使えれば基本的に不自由しません。

また方言やなまりを気にする人がいますが、方言は自分を印象づける重要なアピールポイントになります。臆せず、堂々と話しましょう。

思わずタメ口を言ってしまった!

ビジネスでは基本的に「タメ口」は避けるべきだと言いましたが、話が乗ってきたとき、つい「うん」と言ってしまったり、「そうそう」「あるある」など友達言葉が出てしまうことがあります。

私はたまにタメ語が入るのは、問題ないと思います。たとえ相手が偉い方でも、話の流れでタメ語が混じるのは許されるのではないでしょうか。とくに自分のエピソードを話すときは、無意識でタメ語になることもありますが、聞いているほうはあまり気になりません。

ただ、そのあともずっと慣れ慣れしい言葉で話すのはいけません。相手は友達ではありませんから、あくまで礼節をわきまえて、きちんとした対応をするのがマナーです。もしタメ語を使っていることに気がついたら、「失礼しました」と言いなおせばいいのです。電話ならその場で訂正できるので、それほどおおごとにはなりません。

よく「私のひと言でたいへんなことになってしまった」と気に病む人がいますが、その人のひと言で事態が変わってしまうようなことは、ほぼありません。

パニックになって話が入ってこない！

とても大事な取引相手に電話をするさい、緊張のあまり「頭がまっ白になって、話がまったく入ってきませんでした」という人がいました。私も電話ではなくズームでしたが、用意したはずの資料が見当たらず、パニックになったことがあります。

こういうときは、深呼吸していったん自分を落ち着かせましょう。吸う息より吐く息を長くして、口から長く吐くと落ち着きます。

私の知り合いは、電話中にぐるぐる歩き回ると落ち着くと言っていました。

また紙とペンでメモを取るのもおすすめです。理解を進めるには視覚からとらえる情報が重要なので、聞こえた単語をかたっぱしからメモしていくと、自分が書いた文字を見て安心できます。

そのためには、電話の横にはメモ帳とペンを常備しておくといいでしょう。昭和の時代は電話とメモ帳、ペンは当たり前のようにセットになっていました。デジタルネイティブ世代はアナログなメモは使わないかもしれませんが、自分の手で書くことで気持ちを安定させるメリットもあるのです。

相手の言ったことを「何々ですね」と聞き返してもいいでしょう。電話はリスニング試験ではありませんから、内容がよくわからなかったら、「今こういうふうにお聞きしたと思いますが、もう一度言っていただけますか」とくり返してもいいのです。あるいは「漢字でどう書きますか?」など、確認するのもありです。

しじゅうパニックになる人は、自分にゆとりがない状態におちいっています。そういうときは誰ともかかわらない一人の時間を持つことをおすすめします。一人の時間が究極のリラクセーションになるからです。

運動したり、趣味に没頭したりするのもリラクセーションになります。日々の生活の中で、余裕を持つことがパニックの予防につながります。

混乱のあまりよく聞こえない!

パニックが高じて、電話の途中で耳が聞こえづらくなってしまった人がいました。一種のパニック症状だと思いますが、ストレスがかかりすぎて、身体に異常が出てしまったのでしょう。

そういう緊急事態を想定して、あらかじめ電話の内容を録音しておくのもいいでしょう。どこかに公開するわけではないので、わざわざ相手に許可を取る必要もないと思います。

電話に録音機能がついていればそれを利用すればいいですし、その機能がなくても、スピーカーにしてICレコーダーなどで録音すれば事足りるでしょう。

もし黙って録音するのは気が咎《とが》めるという人は、「すみません。耳の調子が悪くて聞き逃すとたいへんなので、録音させていただいてもいいですか」と聞けばいいのです。

また最近多いのはウェブミーティングで緊張するという人です。重要でない打ち合わせなどの場合に、参加者に状況を話して自分だけ画面をオフにさせてもらい、少しずつ慣れていくという方法があります。何も言わずに、最初から画面オフだと失礼ですが、「これこれの事情で、すみません」と断っておけば、まったく問題ないでしょう。

初めはパニックになっていても、場数を踏んでくれば慣れてきます。それまでの辛抱ですから、焦らずにいきましょう。

留守番電話になってしまった!

留守番電話(以下、留守電)にメッセージを入れるかどうかは賛否の分かれるところです。世の中には留守電に入れてほしくない人もいるからです。

固定電話の時代、医療機関は原則として留守電にメッセージを入れませんでした。センシティブな内容が含まれていることもあるので、留守電に入れて、ほかの人に聞かれてしまうとたいへんだからです。あらかじめ、留守電に入れていいかどうか確認する病院もありました。

今はパーソナルな携帯電話になっているので、留守電にメッセージを入れてもかまわないと思いますが、昔の名残か、大事なことは直接本人に伝えなければいけないと考える人も多いようです。

私自身は留守電を入れてほしい派です。着信だけしか残っていないと、急ぎの用だったのかそうでないのか、判断がつきません。丸一日研修だったり、移動だったりで、電話をかけ直す時間がないときなど、ずっと気になってしまいます。

ですから、相手の方には「留守電の場合はメッセージを入れてください」と頼んでおくようにしています。

しかし電話恐怖症の方だと、留守電に切り替わったとたん、あわてて切ってしまうこともあるでしょう。実際、「留守電は苦手です」「メッセージを入れないで切ってしまいます」という話をよく聞きます。

電話をもらったほうからすると、着信しか残っていない電話が気になるのは前述した通りです。とくにそれが初めての電話で、相手が誰かわからない番号だと、「誰だろう?」「何の用事だろう?」ともやもやします。

留守電だからこそ、名前を名乗って、「こういう用件です」と入れたほうがいいでしょう。本当にひと言でいいのです。

「何々の件です。お時間があるときに折り返してください」でもいいし、「急ぎの用件ではありません。またお電話します」でもかまいません。

留守電になって、あわてて切ってしまった場合は、もう一度かけて「お出にならなかったのですみません。○○の件です。急ぎません」などと入れておけばいいでしょう。

なお、私は留守電のときこそ必要なことをまとめて吹き込んでしまう場合があります。通常の電話だと、挨拶も含めてほかの話で長引くことも多いので、時短になります。

「留守電は苦手」と食わず嫌いにならないで、話すことが決まっているなら、メッセージを一気に吹き込むのも手かもしれません。

第5章　実践編　厄介なシーンに対応する

クレーマーのトラウマがある人は

カスタマーハラスメントの問題が社会的に取り上げられるようになり、ようやくサービス業に携わる人たちもモンスターカスタマーに対抗できるようになりました。それまでは言われっぱなしだったので、トラウマになってしまった人もいたでしょう。

ひどい暴言や傷つくようなことを言う常習者がいれば、今はナンバーディスプレイでその番号がわかるので、電話がかかってきたときは出ないという選択をすることもできます。事情を話して、上司に変わってもらうことも可能だと思います。

傷ついてしまった心を回復させるには、電話で楽しい思い出を積み重ねていくのがいいでしょう。記憶は書き換えられるので、別の体験をつらいトラウマに上書きしていくのです。先に説明した段階的暴露法と同じやり方です。

たとえば友達や家族と電話で楽しくコミュニケーションするところから始めて、お店の予約や問い合わせなど、簡単な電話をして慣れていきます。

ポイントは実際に電話機を使うこと。頭の中だけでトラウマを何とかしようとすると、本当はそれほどひどいことではなかったのに、さらにいやな記憶としてエスカレートしていくことがあります。

それを防ぐためにも、実際に電話機を使ってみて、電話というツール自体のイメージを変えていくのです。

怒りの電話は一次感情にフォーカス

電話でよくあるのは、相手の怒りがエスカレートすることです。顔が見えない分、感情がエスカレートしやすく、ストップがきかなくなります。そういうときは怒りに同調しないことです。

コミュニケーションの基本は相手の感情に寄り添うことですが、怒りだけは、それをやってはいけません。なぜなら、喜怒哀楽のうち怒りだけは「二次感情」と呼ばれていて、怒りのもとに別の感情があるからです。

喜びや悲しみと違って、怒りは単独ではやってきません。必ず怒りのもとになった感情が、その背後に隠れています。寄り添うべきは怒りにではなく、そのもとにある一次感情です。

元の感情に寄り添わないかぎり、表面にあらわれた怒りに寄り添って静めようとしても、元が解決されていないので、怒りはおさまりません。逆に怒りを否定されたと感じて、ますますエスカレートします。

ですから、相手が怒って電話をしてきた場合、何が怒りを呼んでいるのかを確かめる必要があります。たとえばすぐに電話をしてこなかったことが原因だとすると、そのときの悔しい感情なのか、不安な感情なのか、困った感情なのか、大元の感情をしっかりつかんでそちらにフォーカスすれば、クレームはおさまりやすくなります。

相手の意向を探る

ではどうやって、大元を探り当てるかですが、怒りの感情に同調することをまず避けましょう。「腹が立ったんですね」「それはお怒りですね」などと怒りの感情に直にふれると「そんなもんじゃないよ」とますます火に油を注ぐかたちになってしまいます。

そうではなくて、何があったのか、事実を聞いていきます。「どうされましたか？」

「何がありましたか？」「何がお困りですか？」など、感情ではなく事実をたしかめます。そうすることで、怒りのもとにある一次感情に迫っていけるのです。

イメージとしては、取材をしている感覚です。「いつ、どこで、誰が、何を、なぜ、どのように」という「5W1H」をおさえるように、冷静に聞いていきます。事実関係がつかめると、「ああ、だからこの人は馬鹿にされたと思って悔しいんだ」とか「理解されなくて悲しかったんだ」ということがわかります。

でも一次感情が理解されないままだと、相手は理解してもらうために「そう言えばこんなこともあった」「こんなこともされた」とエピソードを引き出し、ますます怒りがエスカレートすることになります。

あくまで冷静に、客観的な事実から相手の一次感情を推測する。そしてそれに寄り添って「こちらも勉強不足で、きちんとご不安にお答えできずにもうしわけございませんでした」など相手の一次感情に寄り添ってコミュニケーションします。怒りの奥底にある一次感情をわかってもらえたと感じると、それで満足して、怒りがトーンダウンすることが多いでしょう。

またはずしてはいけない質問は「あなたはどうしたいか」ということです。何に困っているのか、何を解決したいのか、感情論ではなくて、具体的にどうしたいのか意向を聞くことが、最終的な解決になります。

話を聞いてほしいだけなら、不満を聞いてあげればいいですし、処罰を希望するのであれば、こちらもそれなりの情報開示や裏取りも行わなければなりません。

相手がどうしてほしいのか、知ることがクレーム対応に一番大切なことです。

理不尽なクレーマーには

クレームの電話の中には理不尽なものもあります。私が電話相談業務に携わっていたとき、相手が理不尽なことを言い、ただ感情をぶつけているだけだと感じたら、思う存分吐き出してもらうことにしていました。

ただ、まともに聞いているとこちらのメンタルが疲弊するので、基本的には受け流しです。「ええ」とか「はい」くらいはたまに言いますが、基本的にこちらからは何も言いません。すると、そのうちに気持ちの整理ができるのか、落ち着かれることが多かったように思います。

ただ、相手が取引先やお客様だと受け流すだけではすみません。あまりに理不尽な場合は、「恐れ入ります。電波の調子が悪くてお声がとどかないようなので、一度切らせていただきますね」と言って切ってもいいと思います。

クレームがエスカレートした場合、相手も自分も一度リセットすることが大切です。向こうもヒートアップして、ふり上げたこぶしをどうしていいかわからなくなっているので、いったんリセットする機会を与えてあげるのです。

これは対面の場合ですが、相手がエスカレートしたときは、部屋を替えるのが第一選択になります。「きちんとお話をおうかがいしたいので、別のお部屋をご用意いたします。もうしわけありませんが、そちらに移っていただけますでしょうか」と言って場所を替えると、たいていトーンダウンします。

電話の場合は部屋を替えることができないので、いったん切って、時間を置いてかけ直すのです。相手からかけ直してきても、すぐ出るとリセットにならないので、出ないで時間を置きましょう。その間、社内の人に相談して、対策を練ればいいのです。

あまりに理不尽なクレームが激しくて、自分が苦しくなってきたときは、何も言わずにプツンと切ってかまわないと思います。「すみません。電話が落ちてしまいましたね」とでも言っておけばいいでしょう。

ほかにリセットの方法としては、人を代えるのも効果があります。上司に替わってもらうとか、異性の人に代わってもらうと静まる人もいます。

言葉尻をとらえて攻撃してくる場合は

言葉尻をとらえて攻撃するのが趣味のような人もいます。そうすると何を言っても悪いほうにとらえたり、つっかかってきたりして、話になりません。その場合は無視するに限ります。

何か言うと、相手に情報を与えることになるので、いつまでたっても攻撃が終わりません。でも自分が何も言わなければ、言葉尻のとらえようもないでしょう。

たとえば車が完全に止まっている状態でぶつけられたら、「こちらは止まっていました」ということで責任は100％相手に課せられますが、自分が少しでも動いていると、責任の一端をになうことになります。

「危ないなと思ったので止まっていました」のほうがいいわけですから、何も言わない、話さないことが賢明です。許容範囲の中でやりとりして、それ以上はかかわらない。無視するのがいいと思います。受話器を置いて、放置でかまいません。

それでもしつこく攻撃してくるときは、はっきりノーを言って拒否しましょう。「今ここはそういうお話を受けるところではないので、もうしわけありませんが、切らせていただきます」でいいと思います。

取引先や上司など、簡単に切れない相手で、しかもあまりに理不尽だったら、社内のコンプライアンスルームに相談してみましょう。そういう部署がない会社なら、労働基準監督署など外部の機関に相談するのがおすすめです。直接的な解決に結びつかなくても、相談したという事実があとで生きてきます。

笑顔で電話に出るとクレームを言われにくい

意外だと思われるかもしれませんが、電話でも笑顔で応対している人はクレームを言われにくい傾向があります。

電話では顔が見えませんが、なぜか笑顔で話したほうが相手からの印象がよくなるのです。「笑声《えごえ》」という造語があり、コールセンターなどではよく使われます。にっこりすると声の表情が変わるというのです。

私も経験上、声には表情があると思っています。笑顔をつくることで声が明るくなったり、やわらかくなったりします。心の中は笑顔でなくても、とりあえず笑顔をつくってみる。すると、声の印象が変わります。

最初は引きつった笑顔でもかまいませんから、笑顔で電話に出るよう心がけましょう。そうすると、なぜかクレームが減ったり、相手の怒りがトーンダウンしたりするのです。

お店で商品を買うときも、ムスッとしている店員さんより、笑顔の店員さんのほうが買いやすいのと似ています。店員さんが心から笑っているのでなくても、そちらから買ってしまうことを思い出してみましょう。

やたらと電話をかけてくる電話魔には

たいした用でもないのに、のべつまくなしに電話をかけてくる人がいます。寂しいのか、暇なのか、つねに誰かとつながっていたい依存度の強い人か、あるいは自己中心的な思考で自分が必要と思ったときに対応してくれるのが当たり前だろうと思っているのか、そのいずれかだと思われます。

電話恐怖症の人は着信音が鳴っただけでもこわいのに、その上、電話魔のような人から何度もかけてこられたのではたまったものではありません。

迷惑なら出なくていいでしょう。「電話に出られないことが多いので、急ぎの用件は留守番電話にお願いします」と伝えておくのがいいのではないでしょうか。

一番いいのは、「この人は電話に出ない人だ」と相手に思わせることです。「ミーティングが立て込んでいるので、電話に出られません」とか「外出しているので、電話が取れないことが多いのです」とか「移動が多いので、基本、電話に出られません」と言っておけばいいでしょう。

知人の例ですが、取引先の人が、ある仕事関係者の悪口を電話で延々と話すのだそうです。愛想よく聞いていたら、毎日のように電話してくるので、閉口して電話に出ないことにしました。

するところと翌日、隣の席の人に電話がかかってくるようになったそうです。相手は誰でもよかったわけです。そんな電話魔のターゲットにされたのではたまったものではありません。

もし毅然《きぜん》とした態度が取れないまま、電話に出つづけていると、「この人は話をきいてくれる」と思われて、かっこうのカモになってしまうでしょう。

カモになることでビジネスにつながるのなら、腹をくくってつきあうのもありですが、そうでなければ、たとえ相手の立場が上の人でも無理してつきあうことはありません。

相手にとってあなたはたくさんいる電話相手の一人にすぎません。同じように迷惑して電話を断っている人もたくさんいるはずですから、あなた一人が気にすることはないのです。

また、電話魔の中には孤立感が強い人がいます。「孤独感」は楽しむことができますが、「孤立感」は人とつながらないと自分自身が満たされません。

世界的に知られた超ビッグ企業の創業者が、ひそかに裏アカウントをつくって、自分のことをほめまくっていたことがわかったそうです。そうせざるを得ないほど、孤立感が強かったわけです。

経済的に豊かになり、社会的に認められたからといって、孤立感がなくなるわけではありません。そういう人につきあっても、こちらが消耗するだけです。

また自己中心的（〝ジコチュー〟）の人も電話魔が多いのですが、それは〝ジコチュー〟の人の中には自己肯定感が低い人が一定数いるためです。自分に自信がないからこそ、相手からの承認を強く求めます。

「私の都合に合わせないあなたが悪い」「私が寂しくなるのはあなたのせい」「私が腹を立てるのはあなたがいけないからだ」など、すべて相手のせいにする他罰的な人が多いので、そういう人を満足させるのはほぼ無理と思いましょう。なるべくかかわりを持たないことをおすすめします。

電話での勧誘を上手に断るには

電話で断る際は、はっきり言うことです。「行けたら行きます」とか「できたらやります」といったリップサービスや相手に対する遠慮はいっさいいりません。曖昧さを残す言動がいちばんよくないのです。

たとえば食事に誘われたけれど、そのメンバーでは行きたくないといった場合、「その日は美容院に行かないといけないの」「体調が悪くて」といった断り方をすると、「じゃあ、日にちを替えよう」と別の提案をされてしまいます。

「本当は行きたかったんだけど」などとよけいなことはいっさい言わないこと。そのあとまた誘われてしまいます。

もし断る理由がはっきりしているなら、そう伝えましょう。もっとも「あなたたちとは行きたくない」とはストレートに言えないので、「ごめんなさい。今、そういう集まりに顔を出す気力がなくて」でもいいし、「スケジュール的に気持ちの余裕がなくて」でもいいでしょう。

そのさい、必ず付け加えるのは「余裕ができたら、こちらから声をかけるね」というひと言です。「こちらから」を必ずつけ加えてください。そうしないと「余裕できた？」とまた誘われてしまいます。

また断る理由の中で相手の批判をしてはいけません。コンサートに誘われたとして、「私は興味ないので」と言うのは自分の気持ちですからかまいませんが、「何が楽しいの？」「どこが面白いのかわからない」などと言うと、相手はかちんときます。

身近な人だと、「一度行ってみればわかるから」と逆に説得されるかもしれません。断る意志と理由だけはっきり伝え、よけいなことは言わないことです。

どうしても電話で断りにくい人は、まずは電話で「考えておく」と言っておき、メールで「ごめんなさい。行けません」とはっきり言うのもありです。全部その場で答えようとするからうろたえて、つけこまれてしまうのです。「予定見てから、いついつまでに返事します」と言っておくといいでしょう。

向こうの都合も考慮して、いつまでに連絡する、と言ってあげたほうが誠実です。あとは前述のようにメールで「ごめんなさい。行けません」とはっきり断りましょう。

話がぐるぐる回る人への対応

電話でも対面でもそうですが、話がぐるぐる回って、まったく要領を得ない人がいます。カウンセリングの授業でも、「わかりましたと言っても、クライエントが、また同じ話をくり返すんです。どうしたらいいんでしょう」という質問がよく出ます。話が進まないのは、相手に「わかってもらえた」という実感がないからです。わかってもらえていないと思うから、同じ話がくり返されるわけです。

話が回らないようにするには、相手の言葉をくり返すことです。

「すごく傷ついたんです」と相手が言ったら、「すごく傷ついたんですね」と相手の言葉をそのままくり返します。そうすることで、〝受け止めてもらえた感〟が強まります。

ここで気をつけなければいけないのは、相手の言葉を変換してはいけないということです。

「すごく傷ついたんです」という言葉に対して、相手の気持ちに寄り添ったつもりで「たいへんでしたね」「それはつらかったですね」などと自分の言葉に置き換えてしまうと、「いやたいへんじゃないよ」とか「つらいとかそういう意味じゃなくて」など、自分の気持ちとのズレにもやもやして、また話をふり出しに戻してしまいます。

ですから、相手の使ったフレーズをそのまま伝え返す。これをカウンセリングの手法で「くり返し」といいます。自分が言った言葉をそのままくり返されれば、「いや違うよ」ということにはなりません。

ただしリピートするさいにも注意点があります。いちいち全部をくり返す必要はありません。

相手「昨日休みだったんです」
あなた「昨日休みだったんですね」
相手「久しぶりに買い物に行ったら」
あなた「買い物に行かれたんですね」
相手「むだ使いばかりしちゃって」
あなた「むだ使いばかりしたんですか」

など、相手の言葉を全リピートすると、「なんだ？ ばかにしてるのか」と思われてしまいます。

くり返すのは、「うれしい」とか「楽しい」とか「悲しい」など相手の感情に関係する言葉がいいでしょう。

また文章で返すのではなく、なるべく単語で返すほうが相手に届きます。

相手がよくわからないことを言っている

電話で話していて、まったく思ってもいないようなことを聞かれたり、相手の言っている内容がよくわからなかったりしたときは、早めにわからないことを告げてください。そうしないと、「こんなに長く説明したのに、わからないとは何事だ」と相手を怒らせてしまいます。

違う人間同士ですから、知らないことやわからないことがあって当然です。自分の裁量では無理とか、自分の管轄外でわからないときは、はっきり伝えたほうがいいのです。わからないのにずっと聞いているのはお互い不毛な時間です。

先日相談を受けたものでは、取引先から在庫数を聞かれてすぐに答えられず、激怒されて電話がこわくなったという社員のケースがありました。そのケースではその方が恐縮して過剰にあやまってしまったために、ますます向こうがつけあがって怒鳴りつけてきたそうです。これはもうパワハラに相当する事案でしょう。

そもそも在庫数は刻々と変わっているので、すぐにわかるわけがありません。「もうしわけございません。今ここではわかりかねますので、調べてのちほどご連絡します」と淡々と返せばいいのです。

なお、この場合の「もうしわけございません」は在庫数を知らなかったことに対する謝罪ではなく、取引先の期待に応えられなかった気持ちに対する謝罪です。

自分の管轄外のことを言われたときは、「今こういうことをおうかがいしましたが、当方はこれこれをうけたまわる部署なので、恐れ入りますが、こちらにおかけ直しください」と別の部署を案内するか、「私にはわかりかねますので、しばらくお待ちいただけますか」といったん保留にして、わかる人に聞いたり、代わってもらったりするのもありだと思います。

また、わからない内容を延々と言ってくる相手には、逆に質問の形を取ると効果的な場合もあります。「もうしわけありませんが、それを教えていただけますか」と質問してみると、よくぞ聞いてくれたとばかりに、生き生きと話してくれる人もいます。

電話で話しているうちに、相手が想定外のことを話し始めたら、「今こういうお話をうかがったんですが、今日はこれこれについてお話ししたいので、お話を戻しますね」と軌道修正しましょう。

わからないことをわからないと言うのはとても大切なことです。わからないのに知ったかぶりをするほうがあとで面倒です。

知り合いの講師がこんな経験をしています。あるときセミナーが終わったあと、参加者から「○○理論をご存じですか」と聞かれたそうです。準備不足だと思われたくなくて、「はい、聞いたことがあります。あれはたしか……」と口からでまかせに答えてしまいました。

その場はなんとか乗り切れたのですが、あとでその「○○理論」は参加者がでっち上げたありもしないものだったことがわかりました。その人は講師にいつもその質問を投げかけて反応を楽しんでいる要注意人物だったそうです。

知ったかぶりをすると、どんなトラップが待ち受けているかわかりません。知らないものは知らない。知らないことを恥じるのではなく、堂々と言えるようにしましょう。

コラム2　電話魔にならないために

電話は相手の時間を奪うものです。さほど緊急性もなく、たいした用事でもない電話は、相手には時間のむだ使い以外のなにものでもありません。

自分にとっては重要に思える用件でも、客観的に見てそれほどでもない場合もあります。にもかかわらず、何度も電話してしまい、例えば着信履歴が10件もある状態にしてしまうと、「この人はいったいどういう人なんだろう」と、相手に警戒心を抱かせ、以後敬遠されるのは間違いないでしょう。

そもそも相手に10件も着信を残す時点で、相手のことを軽んじているのは明らかです。相手は会議や移動中など電話に出られない状態かもしれません。相手の都合を考えて、SNSなど違うツールに切り換える配慮が必要です。

とくに気をつかいたいのは個人携帯です。むやみにかけるのは、パワハラ、モラハラ、ストーカーなどあらぬ誤解を生む可能性があります。緊急であってもせいぜい数回まで。それ以上は別のツールで連絡を取るようにしましょう。

第6章　実践編　電話で成果を上げるヒント

初めてのアポイント電話

電話で初めての相手に依頼の電話をするのは電話恐怖症の人にはかなりハードルが高いことです。

先に依頼の内容のメールを送り、ワンクッション入れておくと、電話をかけやすくなります。相手にとっても、いきなり知らない人から電話がかかってくるのは迷惑ですから、先にメールを送るのはビジネスマナーでもあります。

メールで「これこれについてお話ししたいのです」ということを明確に記しておけば、相手の興味がなければ返事がこないし、聞こうかなという意思があれば、何らかのアクションがあるでしょう。

メールで最初のアポイントをお願いするのは、とくに迷惑もかからないので、そこは遠慮なく、といったところでしょうか。

なお、メールでも電話でもそうですが、初めての人に何かをお願いするときに、「できればでいいのですが」とか「時間があったらお願いします」といった言い方をすると断られやすくなります。

逆に「あなただからお願いしたい」「あなたにしかできないんです」と言われると、引き受けたくなるものです
最近もコミュニティの幹事にふさわしい人がいて、是非ともやってほしかったのですが、色よい返事をもらえないとメンバーが嘆くので、「あなただからみんなが集まってくれるので、是非あなたにお願いしたい」と伝えたところふたつ返事で引き受けてくれました。

遠慮して「できればお願いしたい」と言ってしまいがちですが、こちらも引き受けてほしい気持ちがあるなら率直に「あなただからお願いしたい」と言うことが大切です。

電話なら熱意や気持ちも伝えられるので、少し強引なくらいにお願いしても大丈夫でしょう。

語彙の不足を克服するヒント

語彙《ごい》が少ないと、即座に切り返すことができません。何か言われて、言葉が思いつか

ず、「う〜ん」と絶句してしまうのは、頭の中に言葉のストックがないからです。

日本語は語彙の数が豊富です。「悲しい」とひと言で言っても、どんな「悲しい」なのか膨大な種類があって、「悲しい」という大ざっぱな言い方では相手に正確に伝わりません。カウンセリングでは、何がどんなふうに悲しいのか、ひとつひとつ解きほぐすように聞いていきます。

でもふだんの会話はカウンセリングではないので、相手はそこまでつっ込んで聞いてはくれません。ぼやぼやしていると、どんな「悲しい」なのか伝えられずにふわっとした感じで話が終わってしまいます。

そうならないためには、語彙を増やして、より具体的に説明する必要があります。

おすすめなのは、ドラマや小説やマンガを見て、いいなと思った言葉を真似してみることです。トーク番組やインタビューの動画を参考にしてもいいでしょう。

うまいと言われている人のスピーチを聞いて、これはと思ったフレーズを真似するのもいいと思います。子どもが言葉を覚えるときと一緒です。耳で聞いた言葉を片っ端から真似していくのです。

本でも語彙は増えますが、話し言葉と書き言葉は違うので、本から得た言葉がそのまま会話で使えるかどうかはわかりません。それでも本をたくさん読んだほうが読まないより、ずっと語彙は増えるでしょう。

とにかく言葉は相手に伝わらないと意味がありません。難しい言葉をたくさん覚えるよりは、身近な話し言葉の類語を増やすほうがいいでしょう。たとえば「楽しい」という言葉をいくつの言葉で言い換えられるかといったことです。

語彙が増えれば増えるほど、相手により正確に状況が伝えられますし、当意即妙に切り返すこともできます。

話を転換するときは質問形式

話の内容を変えたいときは、直前の相手の言葉を受けた上で、次の話題に移行すると、うまく話を転換できます。

コミュニケーションはキャッチボールという話を思い出してください。

たとえば相手が「昨日の会議、進まなくて困ったよ」という話をしていたとします。

自分は今の仕事の進展具合を聞きたい場合、「ところで○○の件なんですが」といきなり話題を転換すると相手は話をぱちんと切られた感じがして、あまり気分がよくありません。

そういうときは、相手の話をいったん受けて「昨日の会議、進まなかったんですね」と受け止めてから「ところで、○○の話なんですが」とつづければ、話題が自然に移行できます。受けとめの言葉と次の話をくっつけるのがポイントです。

相手の話に反論があるときの言い方にも工夫が必要です。

よくあるのは「イエスバット方式」で、いったん肯定してから「でもね」と反論する方法です。さらに「イエスバットイエス方式」といって、否定を肯定ではさむやり方もあります。

たとえば「これはこういうことですね。でもこれこれという考え方もありますね。でもあなたの意見のここは素晴らしい」と最後は肯定でしめくくります。

たしかに終わりの印象はいいですが、人によっては作為的に聞こえてしまう可能性もあります。かなり電話が得意な人でないと難しいかもしれません。

電話が苦手な人が相手に反論したければ、「イエスバット＋質問方式」がおすすめです。相手の言葉をいったん受けて、次に反論し、最後にどう思いますか？と質問する流れです。

「あなたの意見はこうですね。でも私の意見はこうです。両方聞いてあなたはどう思いますか？」と聞けば、相手は否定も肯定もできるので話しやすいでしょう。

厄介な「なるほど」問題

電話で相手の話をうながしたり、話題を転換したりしたいとき、あいづちのパターンをいくつか知っておくと便利です。

対面なら、うなずきやアイコンタクトで自分の意思が伝えられますが、電話は顔や表情が見えないので、その分、あいづちを丁寧に入れていく必要があります。

「ええ」「はい」「そうなんですね」「へえ〜」などいくつかのパターンを取り入れたり、相手が言ったフレーズ、たとえば「昨日？」「買い物？」などをはさんだりしてバリエーションをつけましょう。同じあいづちだと単調になってしまい、上の空の印象を与えてしまいます。

　ところで、最近多いのは「なるほど」というあいづちです。目上の人に使わないとする説があり、目下からの「なるほど」を不快に感じる人も多いようです。

　そのため最近では「なるほどですね」という妙なあいづちも生まれました。この間も、若い部下をつれて取引先に行ったら、目上の相手に向かって「なるほどですね」を頻発していて、本当に困ったという話を聞いたばかりです。

「なるほど」も「なるほどですね」も、そればかり連続して使うのはやはりやめたほうがいいでしょう。とくに「なるほどですね」は奇妙な印象を受けますので、使わないほうがいいと思います。

　ただ、「なるほど、〇〇なんですね」と、なるほどと思った理由をつければいいのではないでしょうか。「なるほど」を何回か言ってしまったら、「こういうことなんですね」とつけ加えたり、「そうなんですね」に言い換えたりするようにしましょう。

謝罪をメールだけですませるのは危険

お詫びをするときは、相手の都合もあるでしょうから、いきなり電話するのは避けたほうがいいでしょう。お詫びをしているのに、その電話でさらに迷惑をかけてしまいます。まずはメールで謝罪して、「直接お詫びをお伝えしたいので、いつお電話をおかけしたらいいでしょうか」と聞くのがマナーです。

謝罪をメールだけですますのは、トラブルのもとになるのでやめましょう。「この人、怒っているな」と感じたとき、メールで「それはそういうことではなくて」と、くどくど書くと、怒っている人は、怒りモードでその文字を読むので、「言いわけをしてるんじゃないよ」とますます怒りがこみ上げてくるのです。

言いわけを文字にすると、「この人は自分を正当化しようとしているんだろう」と思われてしまいます。「もうしわけございませんでした」という謝罪の文言は文字でもかまいませんが、「先日、私は風邪をひいてしまって」というような言いわけをメールで送られても、もらったほうは困るだけです。

そうなった経緯や理由をくどくど文字で説明するのではなく、電話で質問に答えながら話したほうがいいでしょう。それに電話のほうがどれくらい相手が怒っているかがわかります。

自分はものすごく怒らせてしまったと恐縮していても、実際に話してみたら、たいしたことはなかった、という例もよくあります。

まずメールで「もうしわけありませんでした」とひと言入れ、「この内容についてお話しさせていただきたいので、お電話をかけていい日時を教えてください」や「質問があればお答えしますので、お電話させてください」など、アポイントを取るのがいいでしょう。

相手が「必要ない」と言ってくれればそれでいいし、説明が聞きたいということなら、電話でアポイントを取ればいいでしょう。対面で会ってお詫びしたいという人もよくいますが、実際に会うのは電話以上に時間を取ってしまうので、よく相手の意向を聞いてからにしてください。

謝罪の電話の効果的な方法

電話で話すのは謝罪の言葉といきさつです。謝罪の言葉は「すみません」や「ごめんなさい」ではなく、「もうしわけございませんでした」「お詫びもうし上げます」など改まった言葉のほうがいいでしょう。

「本当にすみませんでした」と「本当に」をつけて強調しても、「すみません」はカジュアル寄りの言葉なので、きちんとあやまっていないと受け取る人もいます。

謝罪は、相手が「そこまでしなくてもいいよ」と思うくらい最大級にあやまったほうが間違いありません。多少芝居じみてもかまわないので、大げさにやりましょう。「もうしわけございませんでした！」と電話の向こうにいる相手の前で土下座するくらいの勢いで謝罪すると、自分の気持ちが伝わります。

またいきさつの説明は感情ではなく事実を伝えてください。お詫びこそ、淡々と事実を並べたほうが相手に伝わります。

「そんなつもりはなかったのですが」とか「私もすごく急いだんですが」など自分の気持ちを入れると、言いわけに聞こえてしまうので要注意です。

相手としては、説明なら受け入れやすいのですが、言いわけは聞きたくありません。あくまでも事実説明を主にすることを忘れないでください。

また、お詫びは一般化してはいけません。「皆さまにもご迷惑をおかけしてしまいました」とか「そちら様だけではなく、皆さまも同じような状況でした。皆さまにもお詫びしてご了承をいただいておりますので」などと言われると、相手はひじょうに不愉快に感じます。

迷惑をこうむったのは私だし、私が受けた被害は私オンリーのものです。この気持ちは私だけのものというのが、謝罪相手の感情なので、それをみんなと一緒にされると、自分が軽んじられた気がするのです。

よくボランティアに行った人が被災者に向かって「たいへんなのはあなただけではありません。みんなも同じようにたいへんなのだから、一緒に頑張りましょう」と言って、顰蹙《ひんしゅく》を買うのがこの例です。

なお、謝罪で注意したいのは、相手にもやもやを残さないことです。しかしこれはひじょうに難しくて、いったんその場では納得してもらったように思えても、相手にひっかかりが残っていると、またぶり返したり、将来的に何か大きなトラブルにつながったりするこわさもあります。

電話で話すとある程度、相手の不満度も探りやすいので、やはりメールと電話の両輪で謝罪するのは必須です。

アポイントせずに電話をかけなければならない

電話は事前にメールでアポイントを取ってかけるのが常識になりました。しかし中には事前にアポイントを取らないでかける電話もあります。

知り合いが選挙の手伝いをした際に、名簿を見て、上から順番に投票をお願いする電話をかけるボランティアをしたことがあったそうです。まったく知らない人にいきなり電話をかけて、その候補への投票を依頼するわけですから、親しみを持って接してくれる場合もありますが、プツッと電話を切られることもあります。

すっかり電話恐怖症になり、しばらく電話にさわれなかったと、私にこぼしていました。アトランダムにかける営業電話などでも、同じことが起こり得るでしょう。

そういう場合は、たんなる「作業」と割り切ってみてください。

電話で話す内容は決まっているので、人間がかけても、コンピュータがかけても変わりありません。つまりコミュニケーションではないのです。

相手をおもんぱかったり、気持ちを考えたりする必要もなく、ただ決められたせりふを言えばいい。そう割り切って、自分は無になって作業に当たればいいと思います。

よけいなことを考えると、不安はどんどん大きくなり、想像力は宇宙より大きくなります。だから作業の電話では何も考えないで、淡々とこなす。そうすればむだに自分の気持ちが傷つかないですみます。

電話をかけてよかったと思わせる応対とは

コールセンターに電話すると、応対のしかたが学べます。私が素晴らしいと思うのは某携帯キャリアのコールセンターです。問い合わせはメールやチャットなどいろいろな方法がありますが、困っていることを文字にするのに手間どるような場合には、コールセンターに直接電話してしまいます。毎回誰が出ても素晴らしい応対で、電話をかけてよかったという気持ちになります。

何が違うのかというと、こちらが言ったことに対して、必ず確認とくり返しがあるのです。

「まずは会員情報の確認を」と遮《さえぎ》られるコールセンターの多い中、何かのトラブルを抱えているわけですから、たいていあわてています。そういうときまず「こういうことでお困りですね」と言ってもらえると「わかってもらえた」とほっとします。長々と聴く必要はありませんが、ひと言受け止めたあとに、サポートするために名前を聞くなどの契約の確認に入ることは、かけたほうも、その後安心して話すことができるのではないかと思います。

その後も作業が進むたびに「次の工程に移ってよろしいですか?」「今何々が手元にありますか」と、ひとつひとつくり返し確認があります。つまりラリーではなくキャッチボールができるのです。

ひと通りの作業が終わると、最後も必ず確認があります。「今回はこういうことを行いましたが、ほかに何かお困りのことはありませんか」と聞いてもらえると、「そういえば、あれってどうなんだろう」と聞きそびれていたことを思い出せるのです。

とくに丁寧な言葉づかいがあるわけではありませんが、くり返し確認があることで、受け止めてもらえたという満足感が残ります。

私の母もそのキャリアを使っていますが、ショップに行っても解決できなかった問題が、コールセンターの電話で簡単に解決できたことがありました。対面でもわからなかったのに、こちらの質問内容すら怪しいことを電話だけで解決するのは素晴らしいコミュニケーション力です。

そんなことが私の母の例だけで最近2回もあって、某携帯キャリアのコールセンターおそるべしと思っています。こういう優れたコールセンターに電話して、応対のしかたを生で経験するのも、電話恐怖症を克服する一助になるでしょう。

電話で言いにくいことを伝えるテクニック

電話で催促するときは、何の用件か、まず伝えることが大事です。

回りくどく言っていると、「この人、いったい何を言いたいんだろう」と思われてしまうので、「○○の件です」と簡潔に伝えてください。

伝えることを学ぶ研修では、お金を返してもらうワークを入れています。飲み会の席で隣に座った同僚から「ごめん、1000円足りないから貸して」と言われて貸したのに、その後、まったく返すそぶりが見えないとき、あなたなら何と言って返してもらうか、というワークです。

一番多いのは「この間の飲み会、楽しかったね」と言って、記憶を呼び戻させようとする人たちです。おそらくこれでは「楽しかったね」で終わってしまうでしょう。

次に多いのはもう一度飲み会に誘うというもの。そのときに「この間、私、1000円多く出しているから、今度はあなたが1000円出して」と言うものです。でもそんなにまどろっこしいことをする必要があるでしょうか。

ほかにも、「今日、財布忘れちゃったから1000円貸して」と、1000円借りるという人もいました。

つまり、みんな直接言えないのです。だから遠回しににおわせる。でもこれは対応としては最悪です。

直接言わずに、もったいぶっていると、状況が飲み込めたときに、借りたほうも「どうしてはっきり言ってくれなかったんだろう」ともやもやします。

一番多い「飲み会の話で盛り上がる」という方法も、さんざん話したあげく、「そういえば会計のとき1000円貸したよね」と話したとします。

そうすると、「え？　それが言いたくて、この長い話をさせたのか」と借りていたほうも気分が悪くなります。きっと「最初から1000円返してと言ってよ。忙しいんだから」と思うでしょう。悪意があって踏み倒そうという人でないかぎり、たんに忘れていただけでしょうから、直接言ってもらったほうがすっきりします。

直接伝えるときは、事実を簡潔に並べましょう。「○月○日の飲み会のときに貸した1000円、いつ返してくれる？」と言えばいいと思います。

「返して」という言い方がもし言いにくければ、「立て替えた」とか「用立てた」とか「多く出した」と言っておけばいいでしょう。

電話においても、言いにくいことほどはっきり言わなければなりません。催促をする側が悪いことをしているわけではないので、遠慮は不要です。

納期が過ぎている場合の催促のコツ

お金以外の催促としては、締め切りまでに返事がないとか、提出されるべきものが遅れているといったことがあります。こういう場合も遠慮することはありません。「いついつまでの返事がまだありませんが、どうしますか」と電話で聞いていいと思います。

締め切りが過ぎていたら、アポイントを取らずにいきなり電話してもいいでしょう。ただそうなる前にリマインドを入れて確認すると安心です。

私も原稿の締め切りをたくさん抱えているので、締め切りの少し前にメールでリマインドを入れてくれると、とても有難く思います。

催促のリマインドを入れると、「あなたを信頼していない」と思われるのでは、とためらう人がいますが、もしそう思うなら「皆さんにも同じようにご案内しています」と言っておけばいいでしょう。

リマインドはメールでもかまいませんが、100%メールを読むとは限らないので、大事な催促だったら、電話とメールの両方でリマインドしておくのが確実です。

第7章　コミュニケーションは自分との対話

電話が苦手＝コミュニケーション下手なのか

電話が苦手な人は電話だけでなく、コミュニケーション自体を苦手としている人も多いのではないでしょうか。

コミュニケーションで大切なのは人との関係性ではなく、実は自分とのかかわりです。自分との対話とか、自分とのかかわりがコミュニケーションの最小限として必要で、それがないと人とのかかわりが難しくなります。つまりコミュニケーションの基本は自分と向き合うことなのです。

自分の中でわかっていない感情や、自分の中でもやもやしている感情を人に伝えることは不可能です。自分でもわからないのに、人にわかってほしいといっても、わかるわけがありません。

たとえば、後輩の様子を見ているとイライラするとします。「あの後輩、なんか気に食わないのよね」と言っても、「相性が悪いんだね」くらいで片づけられてしまいます。

でも報告のしかたが悪いとか、記録の書き方がずさんなど、自分がイライラする原因が自分の中ではっきり把握できれば、「記録表の書き方なんだけど、これだと少しわかりにくいから、こういうふうに変えてね」と伝えられます。すると後輩の態度が改まるので、自分のイライラがおさまります。

でもその原因がわからないと、後輩はそのままのやり方ですから、ずっとイライラがつづいたままになります。

このように、自分が何に対していらついているのかが自分でわからないと、人に伝えることができません。

やはり自分に向き合うことが必要で、自分にきちんと向き合えない人は、いつまでたっても人に伝えることができない。コミュニケーションがうまくできないというわけです。

電話で用件を伝えるのが苦手という人は、そもそものコミュニケーションに問題がないか、よく考えてみる必要があります。

喜怒哀楽にふたをすると感情が退化する

自分に向き合えない人は、自らの感情に目を向けない傾向が強いと感じます。

私の研修では、「最近、喜怒哀楽についてどんなことがありましたか?」という質問をすることがあります。

喜んだり、怒ったり、悲しかったり、楽しかったりしたことを思い出してもらって書き出すのですが、これがまったく書けない人がいます。

「悲しいことなどありませんでした」とか「怒ったこと、ありません」などと答えるのです。それは感情にふたをしてしまったために、感情そのものに鈍感になっているからです。

たとえば子どものころ「すぐに泣くものではない」と言われ、悲しんだり、悲しんでいる姿を人に見せたりするのが恥ずかしいと思って育つと、悲しい気持ちを封印するようになります。

親のしつけが厳しくて、「こんなことで怒ってはいけません」「我慢しなさい」と言われつづけていると、怒りがこみ上げてもその気持ちを抑制し、怒りを感じにくくなる人もいます。

要するに、感情が退化していくわけです。そうなると、自分に目を向けにくくなります。そんな感情は最初からなかったのだという方向に向かってしまい、自分の気持ちが自分でもわからなくなるのです。

その結果、うつ状態におちいってしまう人もいます。カウンセリングに来て「急にこうなったんです」と言う人が多いのですが、急になったのではありません。徐々に感情が鈍化していき、つらさを感じなくなったのにそのことに気がつかず、限界のところに行き着いて初めて「こんなにつらかったんだ、と今気がついた」と感じるのです。

「急になった」という感覚があるのは、自分に向き合ってこなかったということ、それだけ自分をないがしろにしてきた証拠です。

社会生活をつづけるために自分の思いや感情を殺して物事を進めてきた結果、自分のことがよくわからなくなってしまったということなので、それではあまりに自分が不憫《ふびん》です。

自らの気持ちは自分しか把握できないのですから、自分をもう少し大切にして、きちんと向き合うようにしましょう。

さまざまな問題も、原因がわかった時点で半分解決したも同然です。

カウンセリングでも、悩みのエピソードがどんなにたくさんあっても、なぜそれが起きたのか原因にたどり着けたら、ほぼ問題は解決したと考えます。正体がわかった時点で、気持ちが落ち着くからです。

私の知り合いで、長いこと体調不良で原因がわからなかった人がいました。その後、重篤《じゅうとく》な診断が確定したにもかかわらず原因がわかったことで、すごくほっとしたと聞いたことがあります。

病名が確定すればそれに対処する方法もわかります。でも不明のままだと不安がつのるだけ。何事もわからないまま放置しないで、自分に向き合って、気持ちにふたをしないことが大切なのです。

自分と対話するには日記に感情を記す

自分と向き合うにはどうしたらいいのでしょうか。

基本的には家族や友人、恋人など自分の気持ちを話せる人に「自分はこういう気持ちになったんだ」と話すのが有効です。

話すことで気持ちが整理される点もありますが、そういう場を持つということ自体が、自分と向き合うきっかけになるからです。

適当な友人や家族がいないときは、さまざまな電話相談があるので、相談してみるのもいいでしょう。所属する企業の福利厚生のメニューに付加されていることも最近は多いですし、生命保険に入っていれば、付帯サービスとして心の相談窓口をもうけているところもあるので、利用するのもいいでしょう。

人と話すのが苦手で、電話で相談するのも躊躇《ちゅうちょ》するという人は、日記を書いてみるのがおすすめです。書く内容は「今日何々をした」という事柄ではなく、「こんな気持ちになった」という自分の感情です。もちろん、日記なので事柄を書いてもかまいませんが、自分の気持ちを書き残すことをぜひ行ってみてください。

ネガティブな感情は全然悪くない

研修で、日記に感情を記すよう話したら、ある人からこんな質問を受けました。

「気持ちを書いていくと、悲しいとか、いやだったとか、ネガティブなものばかりになってよけい憂鬱になってしまいます。それって逆効果でしょうか?」

それでかまいません。感じたことをそのまま素直に記すことが大切なのです。

マイナスの感情ばかりになるというのですが、そもそも感情によいも悪いもありません。喜怒哀楽の「喜」と「楽」がよくて、「怒」と「哀」が悪いわけではありません。そういうレッテル貼りをしているのは自分です。

喜怒哀楽はすべて同列の感情なので、よい感情には向き合い、悪い感情には向き合わないなど差をつけるのではなく、みな均等に感じたほうがいいのです。そうしないとひとつひとつの感情にちゃんと向き合えなくなってしまいます。

悲しい、悔しいという感情に向き合えない人は、うれしい感情にも楽しい感情にもきちんと向き合えません。本当に悲しい、本当に悔しいということが自分の中で認められないと、うれしい、楽しい感情も認められないのです。

すると、楽しい場所に行って、みんなは楽しそうなのに、同じ場所にいる自分はひとりぼっちで少しも楽しめない。どこか冷めた自分がいるということが起きてしまいます。素直に喜べないのは、適切に悲しんだり、怒ったりしていないからです。

向き合っているとふっきれるタイミングが来る

ではずっと毎日、悲しい、悔しいという気持ちを書き記しているとどうなるでしょうか。

悲しい、悔しい自分に向き合いつづけると、「なんてかわいそうな私。ここから早く脱しなければ」と思うかもしれませんし、「こんな状態でもよくがんばってるな、私」と思うかもしれません。

どうなるかは人それぞれでわかりませんが、最終的には「ま、いいかな」と思えたら、感情に向き合えて、昇華できたと思っていいでしょう。

たとえば「あの人のことは本当に嫌い。イライラして本当にいやだ」と思いつづけた結果、「ま、いいか。どうせあの人とは付き合わないいし」と自分の感情に折り合いがつけば、その人に対する「嫌い」という感情を手放せます。

私の仕事は、そうやってクライエントが自分の気持ちにとことん向き合い、気持ちが転換するまでつきあうことです。

問題が起きたとき、どう考えるかは二つのパターンがあって、ひとつは自分が悪かった、自分に責任があると考える「自責」の人。もうひとつは、責任が環境や他人にあると考える「他責」の人です。

「自責」の人は、「私に問題があるのでは」と考えるので、気持ちが落ち込む傾向がありますが、理不尽な場合を除き自分が変われば展望が見えるので、自分なりの解決方法を見いだしやすく比較的早く問題が解決できます

一方「他責」の人は、人のせいにしているので、ずっと不平不満を言ったまま時が過ぎていきます。人のせいにしていても、人は変わってくれませんから、状況を変えることができません。

ただ、自分の気持ちに向き合いつづけていると、「自分の思考に偏りがある」という

ことに気づくタイミングが生まれ、それを逃さなければ好転するケースも多く見受けられます。

一人で向き合うのが耐えられないときは、日記に書くなり、人に話すなりして、逃げずに向き合う。すると、その人のタイミングで、「いやだというこの気持ちを否定しなくてもいいのだ」「いやなままで変わらなくてもいいんだ」「悲しいときは悲しいと言っていいんだ」と安心できるときがやってきます。

私は企業内のカウンセラーをしているので、元気になった方と偶然会うこともあります。「あのとき、一緒に向き合ってくれる人がいなかったら、どうなっていたかわからないと思います」と明るく言ってもらえると、本当にこの仕事をやっていてよかったと思います。

「私は」を主語にすると自分がわかる

自分と向き合い、本当の自分を知るために、面白いワークがあります。「世間は～である」「一般的には～である」というものを、思いつく限りたくさん書いてもらいます。

たとえば「世間は冷たい」とか「一般的に人は自分のことしか考えていない」とか「世間はお金で動いている」など。そしていっぱい書いてもらった時点で、主語をすべて「私は」に変えてもらい、みんなの前で発表してもらいます。

主語を変えると「私は冷たい」「私は自分のことしか考えていない」「私はお金で動いている」など、自分の内面をえぐられるような言葉になります。まさしく自分の本質があらわになるようなとてもいやなワークです。

私たちは「みんなが」「世間が」を大義名分に、「みんなそうだよね」「世間はそうだから」と言いわけをします。でも「みんな」や「世間」の中に自分も含まれていて、ほかならぬ「私」がそう思っているのだという事実に気がついていないのです。

このワークは、人は世間や他人のせいにしている自分が、まさに人や世間と同じだった、という自己理解が進むものです。

これは知人から聞いた話ですが、あるカトリックのシスターからこんなことを言われたそうです。「自分のことを認められない人は、世界が幸せになりますように、と毎日お祈りしてください。そう思っていなくてもいいですから、とにかく1カ月つづけてください。気がつくと自分のことが好きになっているはずです」

この場合、「世界」を「私」に変えると、「私が幸せになりますように」と祈っているのと同じだとわかります。自分が幸せになりますように、と祈るのは、少し抵抗がありますが、「世界が幸せになりますように」だと堂々と祈れます。

自分が好きになれるよう、自分のために一生懸命お祈りするのですから、気がつくと自分のことが好きになっているのは自然な結果ではないでしょうか。

自分を認めると他者との関係が安定する

自分の悪いところしか見えない人は、人の悪いところしか見えません。でも、「自分はここをがんばっている」とか、「ここは人よりうまくいっている」など、自分を認められる人は、「あの人、がんばっているな」「あの人、ここがすごいな」と人のことも好意的に見られます。

研修で、自分の長所と短所を10個ずつあげてくださいというワークをすると、欠点はいくらでも書き出せるのに、長所がほとんど書けない人がいます。ということは人のことも、そのように見ているわけです。

他者と良好な関係を築きたかったら、まずは自分を認めることが必要です。自分のいいところ探しをするのです。

私は講座の中で、「私は私が好きです」というワークを取り入れています。「私は私が好きです。なぜならば……」というところの「……」に当たるところを延々と言ってもらうワークです。

だいたい3個くらい言うと、もう次が出てきません。でも絞り出して言ってもらいます。このワークをつづけると、自分を認め、肯定する力が身についてきます。

「私は私が好きです。なぜならば、毎日花に水をあげているからです」「眠くても朝起きて家族のために朝ご飯をつくるからです」「自分好みにおいしいお茶がいれられるからです」……。

どんな小さなことでもいいのです。

すると小さな「肯定」を見つけられるようになります。人の毎日はそれほど劇的なことが起きるわけではありません。高額の宝くじに当たりました、というようなインパクトがあることは、そうそう起こりません。

その劇的なことに重きを置いてしまうと、何もない自分がものすごく悲しくちっぽけな存在に思えてしまいます。でも小さなことが肯定できるようになると、小さな幸せにも注目できるので、自分に満足できるのです。

よくSNSで「夫はこんなに優しい」とか「子どもがこんなにいい子で」とアップし、幸せをアピールしている人がいますが、私は反対に大丈夫かなと思います。商業目的は別として、もし本当に幸せなら、SNSにアップして承認欲求を満たす必要がありません。逆に夫婦仲が悪いのかな、とかんぐってしまいます。

自分のことが肯定できないと殺伐《さつばつ》としてきて、人がうらやましくなったり、人をけなしたり、むきになってマウントをとりたくなります。結果的に、人と安定したコミュニケーションは築けません。

人を認めるには、まず自分を認めることが先決なのです。

自分の意思を言葉にしてあらわす

人との関係を構築するには、自分の意思を言葉にして話すことが重要です。人は超能力者ではありませんから、「言わなくてもわかるだろう」「以心伝心でわかってほしい」は、あり得ません。きちんと自分の口で自分の意思を伝えない限り、人にはわからないのです。

自分の意思を表明できない人に多いのが、「こんなことを言ったら嫌われる」とか「言って否定されるのがこわい」という心理です。

そのため「できたらでいいからお願いします」とか「いやだったらいいんだけど、一緒に映画に行かない？」などあらかじめ逃げ場をつくって、自分が傷つかないよう防御します。

それがさらに事態を悪化させてしまうのです。なぜなら言い方が曖昧だと、相手に正確に伝わらないので、相手から期待した結果を引き出せないからです。「できたらでいいからお願い」だと「できないならやらなくていいのかな」と思われてしまいます。

どうしてもやってもらいたいなら、「あなたにしか頼めないから何日までにお願いね」とはっきり頼まないといけません。

「あなたと一緒に映画に行きたいんだけど、今月中に終わっちゃうから今週行かない？」などとはっきり意思表明したほうが、希望が通りやすいでしょう。断られたり、否定されたりするのを前提で、曖昧な意思表明をしないことです。

まずは自分に向き合って、自分の気持ちを明確にする。そうすることによって自分も何を言うのかがはっきりして伝えやすくなり、相手も受け取りやすくなります。

とはいえ、やはり自分の意思をはっきり言うのが苦手な人はたくさんいます。そういう人は小さなことからあえて口に出す練習をしてみましょう。

カフェに入って、店員さんに「おしぼり、もうひとつください」でもいいですし、「コーヒーはブラックと言いましたが、やっぱりミルクください」でもいいのです。

店員さんが断ることはないと思いますが、万一断られても、職場や商談の場ではありませんので、それくらいどうということはありません。自分にとって害のない場所で、意思表示をする練習をするのです。

「NO」を言えない人が抱える問題

自分の意思を言葉にしてあらわすのと関連しますが、「NO」と言えず、我慢してしまう人は注意が肝心です。

なぜなら「NO」と言わずに、自分の意思表明をしない非主張は、その真逆であるとされる攻撃性と表裏一体だからです。

自分の気持ちを表明しないでいると、気持ちが抑圧され、そのバランスを取るために、どこかで攻撃性があらわれてしまいます。会社で外面のいい人が、家に帰って家族につらく当たるのはそのいい例です。反対に家でしいたげられていると、会社でハラスメントをしてしまう人もいます。

小さいことだから我慢して、「NO」と言わずにいるのではなく、小さくて、言いやすいのだから、きちんと「NO」と言おうよ、ということです。

最近、SNSにネガティブな情報発信が増えていますが、そのことに私は危うさを感じています。なぜなら、その裏に「NO」と言えないストレスがあって、自分でも知らないうちに攻撃性を高めている可能性があるからです。

以前、ホテルで高いステーキを頼んだら、切れ端のようなところしか来なかった、と写真を撮って発信しているSNSを見たことがあります。

不満があるなら、直接言って対応してもらえばいいと思います。でもホテルに苦情を言って、クレーマーと思われるのはいや。自分が人からどう見えるかはとても気になるので、その場では黙って我慢します。

そのかわり、写真をぱしゃっと撮って、SNSでさらして溜飲《りゅういん》を下げるのです。最近話題になっている「さらし」や「炎上」も、背景には非主張のはけ口を求めているところがあるのではないでしょうか。

言いたいことを言わないで、奥ゆかしくていい人をやってしまうと、どこかで攻撃性を持つことにつながります。

しっかりと主張し、いやなものは「いや」と断ったほうがいいのです。

断ることもコミュニケーション

実は断ることも大事なコミュニケーションのひとつです。

自分を大切にするためにも、また相手との相互理解を深めるためにも、いやなものはいやという意思表明が重要です。

「NO」と言えるようになるためには、スモールステップを踏んでいくのがいいでしょう。「お茶いる?」と聞かれて「いらない」と断るくらいは言えると思います。デパ地下で買い物をして、「ついでにサラダもいかがですか」と言われたとき、必要ないならはっきり断ってみましょう。

簡単なことが断れるようになったら、今度は少しハードルを上げてみましょう。たとえば「ついでにあれ買ってきて」と頼まれて、ちょっと無理すれば買えるけれど、というときに、あえて「ごめん、余裕がない」と断るといったことにトライします。

さらに慣れたら、一回約束したものの日程を替えてほしい、といった言いにくいこともやってみます。

言いやすい人に言いやすいことを言ってみる→言いやすい人に言いにくいことを言ってみる→言いにくい人に言いやすいことを言ってみる、という3段階くらいで慣らしていくと、「NO」が言えるようになります。

傷ついてもリカバリーできればいい

相手から「NO」と言われ傷つく人もいます。せっかくがんばって意思表明しても、相手から拒絶されると、傷つくからいやだ、という人もいるでしょう。

でもよく考えてください。生きていれば、人は必ず傷つきます。

そこからいかに早くリカバリーするかが大切なのです。

道で転んだとき、「痛い、痛い」と言って、そのままずっと地面にはいつくばっているのか、痛いけど、起き上がって歩きだすのか、その違いです。

たとえダメージがあっても、そこから早くリカバリーするためには、自分と向き合って、「私は今ここが痛い」と把握することです。痛い場所がつかめれば、手当のしかたもわかって、治療もできます。

でも何が何だかわからなくて、ただ「痛いよ」「絶望的だよ」と地面にうずくまっているだけだと、立ち上がる手だてがありません。

まずはきっちり自分に向き合って、何に傷ついたのか、何がつらかったのか、痛みの原因を探りましょう。「ああ、これに傷ついたのね」とわかったら、そこからいかに早く立ち直れるか、方法を考えます。

人の心を丸いボールにたとえると、ボールがいつも丸く、弾力のある状態が理想です。しかし何かストレスを受けると、その部分がへこみます。ボールに弾力があれば、へこみはすぐに元に戻ります。元のボールの姿に戻る力が回復力、つまりレジリエンスです。

私が師事したカウンセラーの先生は、ストレスを受けたら24時間以内に解消するのが理想だと言っていました。心のボールをなるべく早く、できれば24時間以内に元に戻すには、解消するための方法をたくさん用意しておくのがいいでしょう。そのほうがいろいろ試せるので、回復が早くなります。

傷ついたことがあれば、言える相手に話すことが大切です。

言ったところで、起こったことは変わらず、傷ついた気持ちがなくなるわけではありませんが、人に話すことによってカタルシス効果が生まれます。気持ちという抽象的な感覚が、言葉にすることによって具体化され整理されることにより、気持ちが落ちついてくるのです。

話してもまだおさまらないときは、整理しきれていない状態なので、ほかの人や場を改めて、何度でも言葉にしましょう。

それでもダメなら文字にすることをおすすめします。また、すぐにできる気分転換の方法をたくさん用意しておくことも大切です。

旅行や観劇などもよいのですが、今すぐには難しいこともあるので、お風呂に入る、走る、ジムに行く、おいしいものを食べる、読書するなど、気持ちを切り替える手軽な方法をたくさん用意しておきましょう

リカバリーするためには強制リセット

人はいやなことがあると、そのことにとらわれて抜け出せなくなる傾向があります。ですからそれを考えない時間を短時間でもいいので、強制的につくることが大切です。

手軽なリセット法として、気持ちのコントロールに有効なのは、香りを取り入れることです。味覚、聴覚、視覚、触覚、嗅覚の五感のうち嗅覚が感情や記憶をつかさどる大脳辺縁系に直結しているからです。

雨の降り始めの匂いや、夕方、近所から漂う食事の支度の匂いなどで、昔の記憶が呼び覚まされたり、センチメンタルになったりする経験のある方も多いのではないでしょうか。

自分の好きな香りは、気持ちを落ち着かせるのに有効です。アロマテラピーの効能を利用することも有効ですが、あくまでも自分のリラックスできる香りが大切なので、効能にとらわれずに好みの匂いを選びましょう。可愛がっているペットの肉球の匂いが好きならそれも効果的です。

また気持ちは体と連動しているので、心がぎゅっと固まると、体も硬くなります。びっくりすると心臓がドキドキしてくるのはその一例です。ですから、体をほぐして結果的に心がほぐれるというやり方もあります。ヨガやストレッチ、マッサージなどがそのいい例です。

ちなみに、深呼吸も自律神経を整えるのに有効です。私はすぐその場でできるリセット法として大きくため息をつくことをよくします。気持ちが乱れると呼吸が浅く速くなるので、その逆に大きく吸って吐き出し、いわば深呼吸の状態をため息でつくりだすわけです。

人前でやると失礼なので、行き詰まったときはトイレなどに行って、思う存分ため息をついています。

また、ゲームや映画、スポーツ観戦など、その間は没頭できて忘れられるものもリセットには最適です。編み物やプラモデルづくりなど、無心になれる趣味もいいと思います。

第8章　「電話恐怖症でもいい」という提案

こわくなる習慣

それでも電話がこわいという人に、恐怖心をやわらげる実践的な方法をいくつかお教えしましょう。これらの方法は電話にかんする相談を受けているときに、相談者から聞いた「恐怖と折り合いをつける工夫」や私が実際に行っているアドバイスをもとにしています。

前述したように、恐怖は無理して取り除く必要はありません。あくまでも、恐怖を軽くする対症療法的な方法として、参考にしていただければと思います。

とにかく場数を増やす

電話恐怖症の根源にあるのはコミュニケーションの問題です。これは場数を踏むことによってかなり解決できます。

私の例で恐縮ですが、私も、昔はコミュニケーションが苦手でした。中学生までは、学級会などで自分が当てられるのもいやで、当時やっていた通信添削の相談窓口に「人前で話すのが苦手です。どうしたらいいですか」と相談の手紙を送ったくらいです。

カウンセリングという職業を選んだのも、クライエントと一対一で基本的には、自分が話さずに話を聞く仕事なので、私に向いていると思ったからです。コミュニケーションが苦手だから選んだ職業といえます。

でもなぜか依頼は研修業務のほうが多くて、必然的に人前で話をせざるを得ない状況に置かれてしまいました。最初は一字一句を文字に起こして、その原稿を読むのがせいいっぱいで、頭はまっ白、心臓はばくばくでした

しかし、それを何十回、何百回とくり返していたら、そのうち慣れてきて、原稿がなくてもまったく問題なく話ができるようになったのです。

今では大勢の人の前で話すことに、緊張こそすれこわいと思うことはなくなりました。講演や研修をはじめ、雑誌や新聞のインタビューに答えたり、テレビ出演もしたりします。

かつての私からしたら、信じられない変わりようです。すべては「場数」のおかげです。

電話恐怖症の方の場合も、そのツールに慣れ親しむよう場数を踏むのも、恐怖を取り除く方法のひとつです。

「この人は私と話したくてたまらない」

電話が苦手なある社員が、「電話をかけてきたこの人は、私のことを好きでたまらないんだわ、と思うようにしたら、少し恐怖がやわらぎました」と教えてくれました。一種の自己暗示ですが、これもいい方法だと思います。「相手の人は私の声が聞きたかったのよ」でもいいし、「この人は私と話すと気持ちが落ち着くのよね」でもいいでしょう。すると、相手に対して自分が何かいいことをしてあげた気持ちになれます。

人は誰かの役に立ったという実感があると、自分の存在価値を感じられます。「私と話したいんだわ」「私とかかわりを持ちたいんだわ」と思っていると、自分の気持ちが満たされて、精神的な安定にもつながるのです。

これは電話の例ではありませんが、ある芸能記者の方から聞いた話も参考になりました。その記者さんは芸能人に突撃して、いやな質問をしなければならないので、話しかけるのが恐怖だったそうです。

最初はなかなか質問できませんでしたが、心の中で「私はこの人が大好きです。大好きです」と呪文を唱えるようにしたら、本当に相手が大好きな気がしてきて、声をかけやすくなったそうです。

これも一種の暗示です。この方法が便利なのは、相手に何か要求することなく、自分の相手に対する気持ちだけを変えればいい点です。

人を変えることは基本的に無理ですが、自分を変えるのは比較的簡単です。状況は変わらなくても、その状況にのぞむ自分自身のとらえ方を変えれば、恐怖心はやわらぎます。

げんをかつぐ、ルーティンをつくる

人は恐怖や不安に直面すると本来の力が発揮できません。そのため、スポーツ選手など、ここぞというパフォーマンスを発揮しなければならない人は、恐怖や緊張をやわらげるさまざまなルーティンや、げんかつぎを実践しています。

電話恐怖症の人も自分なりのルーティンやげんかつぎをしてみるといいのではないでしょうか。

自分の経験からその行動をしたらうまくいったことを探してみるのがいいでしょう。たとえば「こわくない、こわくない、こわくない」と3回おまじないを唱えたら、落ち着いて電話できるという人がいました。

また靴をはくとき左足からはいたら、電話での取り引きがうまくいったので、それからは毎朝左足から靴をはくという話を聞いたことがあります。

昔は、電話をしながらペンでぐるぐるイタズラ書きをしたり、固定電話の受話器と本体をつなぐコードを指でぐるぐる巻きながら話したりしている人をよく見かけました。あれも自分をリラックスさせる一種のルーティンだったと思います。

就活の面接などで緊張する人に私がよくおすすめしているのは、面接の前に、大好きなスイーツやタレントやペットの写真を見ることです。

人は自分が大好きなものを見ると気持ちがゆるんでいい表情になります。

スマホの待ち受け画面や手帳の間にそういうものを入れておいて、面接の直前に見ておくと穏やかな表情でのぞめます。

電話がこわい人も、電話の近くにペットや〝推し〟のタレントの写真を置いておくと、心理的なリラクセーションにつながります。

社会的地位が上でも同じ人間

電話の相手の地位が上だったり、社会的に認められている相手だと、おじけづいて必要以上に恐怖を感じてしまう人がいます。カウンセリングや、企業でいろいろな相談業務に乗っていると、よく「こんな悩みを持つのは、私くらいですかね」や「大きな企業の役員の方とかはまったく違う悩みを持っているんですか」と質問されます。

それに対して、「基本的にみんな同じです。大企業のトップでも悩んでいることは変わりません」と伝えています。細かいシチューエーションは違えども、本質的なことは何も変わらないからです。

大企業の役員であろうと、アルバイトの店員さんであろうと、たまたま、今その立場にいるだけで、その人の存在自体が特別なわけではありません。確かに環境や立場が違えば、背景にあるエピソード自体は違います。しかし、悩みの根本原因は、身近な人間関係に起因することがほとんどで、多くは、日常的な人間関係のやり取りの中での軋轢《あつれき》、それに対する身の処し方に尽きるのです。

自分が不利益をこうむったり、攻撃されたり、見下されたりすれば、「悲しい」「悔しい」「辛い」などの気持ちを感じるのは自然なことで、社会的地位はまったく関係ありません。よって、必要以上に気負うことなく、誰とでも対等な意識で接することが大切です。

こんなこともありました。とある会社の社長さんが研修の打ち合わせをする際に「社長室ではなく、会議室へ移っていいですか」と言うのです。新人の時に社長室でひどく怒られた経験があり社長になっても社長室で話をするのが落ち着かない。本音が言えないというのです。私たちは会議室に移って、パイプ椅子に座って打ち合わせをしました。

相手の立場が上だから電話で話すのがこわいという人は、相手も同じ人間で、同じように悩みがあり、同じように弱点があることを思い出しましょう。相手を尊重し、敬うからこそ、対等に接することができます。権威にとらわれるのは、相手を本当の意味では尊重していることになりません。

電話でもボディーランゲージを

電話ではお互いに動作は見えません。でもお辞儀をしたり、手をふったり、ボディーランゲージを入れたほうが話しやすくなります。相手にもより伝わるでしょう。

よく電話で、「もうしわけありませんでした」とペコペコおじぎをくり返している人を見かけませんか？　おそらくそのほうが声に表情がのるし、自分も話しやすいのではないでしょうか。

対面しているときと同じようにしぐさや表情などボディーランゲージを行うと、よりコミュニケーションが密になります。

また緊張すると体が固まるので、歩いたり立ったりして話すのもおすすめです。私は電話相談の仕事をしていたとき、立って相談を受けていたことがありました。眠気覚ましの意味もありましたが、立つと心が柔軟になり、話に集中できました。

笑い話のネタにしてしまおう

電話で失敗したことを笑い話のネタにする人もいました。「今日、こんな失敗しちゃってさ。ワッハッハッ」と笑うのです。

たぶん心の中では穴があったら入りたいくらい恥ずかしく、落ち込んでいると思うのですが、だからこそ豪快に笑い飛ばして、落ち込んだ気持ちを吹き飛ばしているのです。

よく、悲しいから泣くのではなく、泣くから悲しいと言われます。たしかに泣くとよけい悲しくなります。

反対に、笑うとそれほど面白くなくても、なぜか楽しくなります。だから笑う。そうすれば、多少の落ち込み程度なら吹き飛ばせるのではないでしょうか。

幸いなことに、他人の失敗談はけっこう面白く聞いてもらえます。思い切り話を盛って、面白おかしく話しましょう。カタルシス効果を得て、自分のネガティブな気持ちも浄化されます。

「あの人はネタの宝庫だね」と言われるくらいになればしめたもの。

電話で失敗しても、これでひとつネタが増えたと思えば、楽しくなるでしょう。

電話恐怖症でもいい理由

電話恐怖症に限らないことですが、苦手を無理やり克服するのはかなり難易度の高いチャレンジになります。電話恐怖症の方が、本書にとり上げたようないくつかの試みにチャレンジして、それでも恐怖がなくならないのなら、無理になくそうとせず、別の手だてで回避するのも、恐怖症を克服する方法のひとつです。

実は私は高いところが苦手で、飛行機に乗るのも恐怖です。ですから可能な限り、飛行機には乗らずに、別の交通手段で移動することで、その問題を解決しています。

ただ、身近な問題として長いエスカレーターには苦労していました。上りも下りもまったくダメで、乗り降りするところを想像するだけで手に汗をかいてしまいます。ですから普段は、上下に大きく移動する際は、階段やエレベーターを使います。

最近は、どこもバリアフリー化しているので安心ですが、以前は行く先々のエスカレーターは必ずチェックし、長いものだとわかったら、エレベーターや階段の場所を検索してから行っていました。

もし高所恐怖症を治そうとしたら、ものすごくたいへんなことになります。努力しても、おそらく完全には治らない可能性のほうが高いでしょう。

ですから私は逆らわずに、苦手なものを回避する方法を考えます。

電話恐怖症の方も、恐怖がなくせないのなら、回避する方法を考えておくといいでしょう。

「電話はできないのですが、いつもSNSをチェックしているので、緊急のときはこちらにお願いします」でもいいし、「メールをいただければ10分以内に返信します」でもいいと思います。回避する方法の選択肢をいくつも持っていれば、無理やり電話にこだわらなくてすみます。

また、周囲に「電話が苦手です」ということを公言しておくのもいいでしょう。

私も「長いエスカレーターには乗れません」と公言してあるので、みんながエスカレーターに乗るときに「私はエレベーターで行きます」と一人だけ別行動をしても、とくに問題は起きません。

無理して相手に合わせると、ますます恐怖心をこじらせてしまいます。

初めて会う人や新しい職場に行った際には、最初に「電話はちょっと苦手なので、これこれでお願いします」と先手を打って公言しておきましょう。そうすれば、「この人は電話が苦手」という目で見てもらえるので、少々の失敗は大目に見てもらえるはずです。

それに「自分はこれがいやです」とはっきり言えるだけで、気持ちが楽になることもあるのではないでしょうか。

恐怖は人に必要なもの

そもそも「恐怖」は人が生きていくために必要不可欠な感覚です。恐怖心がなければ、身の安全を守ることができません。ただ何に危機感や不安を持つか、アンテナの立て方は人それぞれだと思うのです。

高いところがこわい人もいれば、狭い空間がダメな人もいます。私の友人の子どもは赤ちゃんのころ、丸いものを見ると泣き出し、ドラえもんやアンパンマンなど丸っこいものはみなダメで、とくに雪だるまを一番こわがったと言っていました。当然ながら、それらが出てくるアニメや絵本も読めなかったそうです。

しかし幼稚園に入ったころから何がきっかけかはわかりませんが、まったく問題なくなったとのことでした。

このように人それぞれ恐怖の対象に違いがあり、年齢や環境によって変わってくる場合もあります。もしそうなら、恐怖だけを特別なものととらえずに、甘いものが好きとか嫌いとか、赤い色が好きとか嫌いなどと同じように、個人の傾向、個性として見るべきではないでしょうか。

それを無理に「直せ」と押しつけるから、よけいに追い詰められて、病的にエスカレートしてしまうのだと思います。

どう考えても、あらゆる恐怖を取り除くことなど不可能です。だとしたら、恐怖という強い言葉でとらえないで、「私は電話が苦手」「ちょっと好きじゃない」くらいのニュアンスでとらえていれば、気持ちが楽になるのではないでしょうか。

「電話恐怖症でよかった」と思える日のために

何かこわいものや固執するものがあっても、そのうち気にならなくなることもあります。丸いものがこわかった私の友人の子どもの例もそうですが、私自身にも同じ経験があります。

ちょうど大学卒業を控え、就職活動をしていた時期に強迫観念にとらわれたことがありました。

自分の手が、ちょっとしたことをしてもすぐに汚れてしまったように思えて、頻繁にせっけんで手を洗わないと気がすまない。家の中で家族が私のものにさわっただけでも、「お父さん、手、洗った?」と血相を変えて聞くので、えらく不興を買いました。

でも就職活動が終わって落ち着いたら、必要以上に手を洗うことはなくなりました。誰しも自分に余裕がないと不安が強くなる傾向があります。でもその不安の原因がなくなると、きれいさっぱり忘れてしまうこともあるのです。

私の場合も、しきりに手を洗っていたのは、手が汚染されているという恐怖ではなく、違うところに原因があったのです。その原因が取り除かれれば、恐怖は消滅したのでした。

ですから、もし今何かに対する恐怖や不安があるなら、少しふり返って「自分が今何に困っているのか」「何を解決しないといけないのか」を考えたらいいのではないでしょうか。

就職して、電話がとてもこわくなったという人は、もしかしたら、職場の環境や仕事そのものに問題があるのかもしれません。あるいは人間関係に行き詰まっている可能性もあります。

原因がどこにあるのかふり返ってみて、原因を取り除くことを考えてみてもいいと思います。原因が解決できれば、私の手洗い恐怖のように、いつのまにかなくなっていることもあるかもしれません。

それに恐怖心は悪い影響ばかり与えるものではありません。それがあることで、逆に生きる原動力になっている面があります。

欠点と同じように「自分のこういうところがダメだから、ここをがんばろう」と健全な方向に成長する力になるのです。

たとえば恐怖症の人は心配性でもあるので、商談の時間に遅れるのが心配だから早めに会社を出たとします。すると電車が遅れても、時間に十分間に合って取り引きがうまくいった、というようなこともあるでしょう。

恐怖心や不安感があるからこそ、準備万端整えたり、最悪にそなえて打開策を考えたりしておけるといえます。つまり視野が広がり、ビジネスの力もついてくるというわけです。

電話への恐怖心を克服するために、いろいろなことを実践するうちに、ビジネス力も人間性も磨かれていけば、「電話恐怖症があってよかった」とさえ思えるようになるでしょう。

「人はそんなに話を聞いていない」と居直ろう

根本的な問題として、人は、しっかりと耳を傾けても相手の話を半分も聞けていません。それは阻害要因が存在するからです。

その阻害要因は三つあって、ひとつは相手の話が自分の記憶と結びついてしまうことにあります。たとえば「駅前のラーメン屋、おいしいよね」という話を聞いたとき、ラーメンの映像が思い浮かぶことはないでしょうか。また、該当のラーメン店に行ったことがあると、店の状況などの記憶がよみがえることもあります。その間は、ほんのわずかかもしれませんが、相手の話ではなく、自分に意識が向いてしまうのです。

二つ目は、相手の話に影響されて自分の感情が動くことです。「○○さんてこういうところがあるから、すごくいやだよね」と言われたとします。自分もその人とトラブルになったことがあると、そういえば○○さんにこんなことを言われたよな、とそのときのことを思い出して、嫌な気持ちになります。自分の気持ちに意識が向きやすくなり、よって、その間は相手の話をスルーしてしまいやすくなるのです。

三つ目は相手の話に対して、どう反応しよう、何と言おうと考える瞬間があることです。会話はキャッチボールですから、次に何を言おうか、どう対応したらいいのかを考えながら言葉を発するわけです。その場合も自分の中で思考しているため、相手の話を聞けなくなります。

このように人の話を聞いていても、意識は相手と自分を行ったり来たりするわけで、とぎれとぎれに自分に届くものです。自分に向かう意識の時間、分量が多いほど相手の話は聞こえていないことになります。音として耳には入っても意識には落とし込まれないので、実質聞いていないのと同じことになります。

しかしこれは人間に共通するコミュニケーションのスタイルなので、これを理解しておくことが大切です。そもそも人は相手の話を半分くらいしか聞けないのだ、とわかっていれば、相手に100%伝えられないとか、相手の話が100%理解できないからと落ち込まずにすみます。

電話応対が上手なあの人も、実は50%程度しか人の話を聞けていないのだ、と思ったら、少しは気持ちが楽になりませんか？

ちなみにカウンセリング業務の際は相手の話を齟齬がないように受け止めることが必要なので、細かく、確認をいれるようにしています。言葉は流しそうめんのようなもので、一瞬で流れていってしまいます。

つかまないと流れていってしまうので、「あれ？」と思ったら、すぐ箸を入れて、相手の単語をくり返したり、「こういうことですか？」と確認したりする要領です。そうすれば、たとえ50％程度しか聞く態勢がなくても、大事な話に齟齬が生じるリスクは減らせます。

「自分軸」を持って、自分を大切に

くり返しになりますが、私は電話恐怖症も一種の個性と考えています。辛いものが苦手、黒い色が嫌い、高いところがこわいなど、人にはそれぞれ好き嫌いや得意や不得意があります。

電話恐怖症の人はたまたま電話が苦手だっただけで、それ以上でもそれ以下でもありません。人目を気にして、人と同じにならなければいけない、ということはないのです。

そもそも人目を気にしたところで、すべての人の気持ちや期待に応えることはできません。だったら自分がどうしたいか、自分がどう考えるかに向き合って生きたほうが楽でしょう。それはわがままではなく、「自分軸」を持つということです。

本来は自己主張とわがままは別物ですが、日本では混同されていることが多く、自分の意見を主張すると、自分勝手ととられてしまう傾向にあります。こうした背景のせいで、日本では「他人軸」で動く人が多数派です。

しかしそれも程度の問題で、社会生活をしていれば、人の目が気になるのは当たり前ですが、過度に気にしてしまうと身動きが取れなくなってしまいます。「いいね」がつくかつかないかを気にして、家の中はぐちゃぐちゃなのに、きれいなケーキの写真を撮って、きらきらしている自分をアピールしたがるのは、「他人軸」で動く人の典型かもしれません。

私はよくクライエントに「自分自身を大切にしてくださいね」と言いますが、それは自分を大切にする人は、他の人のことも大事にできるからです。

自分のことをないがしろにする人は他の人のこともないがしろにします。その結果、コミュニケーションがうまくいかなくなって、さまざまな問題を抱えることになります。

自分を大切にするには、自分と誠実に向き合うこと。

自分の意思をはっきり持ち、自分の感覚を自分で確認できること。

それは周囲に振り回されずに「自分軸」を持つために、とても大切なことです。

電話恐怖症の人は根本にコミュニケーションの問題を抱えていることがほとんどです。人と仲良くなりたいとか、距離を縮めたいという感覚は誰にでもあるものですが、人間にはそれぞれ踏み込んでほしくない領域があります。そこに踏み込むと、お互いがつらい状態になって、ギスギスしてしまうので、境界線を侵害しない配慮が必要です。

つまり自分とはしっかりつながって、他人とはゆるくつながるイメージです。

そうすると、最終的には自分を大切にしながら、他人も大切にできる好循環を生むのではないかと思います。

自分をどんどんほめて、毎日を楽しくしよう

「自分を大切にしてください」と言っても、自己肯定感の低い人にはなかなか難しいところがあります。そういう人は小さい成功体験を積むことから始めてください。

くり返しの例になりますが、断られないだろう小さい頼みごとを他人にしていって、ひとつずつ成功体験を積んでいくのです。

たとえば何人かでファミレスに行ったとします。ドリンクバーを頼み、「私のコーヒ

ーも持ってきてもらえる?」と頼む程度のことから始めてみましょう。

ささいなことでも要求を受けとめてもらえたという体験を積み重ねていくことが大切です。

また自己肯定感が低い人は、自分の存在価値を実感できるような経験があまりありません。そういう人は意識して自分で自分をほめる習慣をつけましょう。自分の小さな行動に丸をつけていく感じです。

「今日、面倒くさい友達の話を聞いてあげられて、私って偉いな」でもいいし、「仕事の締め切りをきちんと守れて、偉いな」でもいいし、「会社に遅れずに行けた」でも十分です。

また自分と同じくらい相手をほめるのも効果的です。

相手をほめるとその人からも「ほめ」が返ってきます。これは返報性の法則といって、人から何かしてもらうと、返さなければならないと思う人間の心理のことです。

相手をほめて好意を示すと、相手からも同じような「ほめ」や好意が返ってきやすくなります。このくり返しで、自己肯定感も上がります。

ただしこの方法には注意点があります。自分がこんなにほめてあげているのに、相手は何もやってくれない、と思うと逆効果です。

相手からの「ほめ」を期待して、空々しくほめても相手には伝わるので、返報が得られません。あくまでも、本当にそう思ったときに、ほめるようにしましょう。

また、自分がほめられたときは否定しないこと。

「いえいえ、そんなことありません」と否定してしまうと、次からほめられにくくなります。なぜなら、ほめてもすぐ否定されるので、気分が悪いからです。

ほめられたら、にこっと笑って「ありがとうございます」と言えるといいですね。

「ほめ」を上手に受け取ることも、自己肯定感を上げることにつながります。

自分の存在が肯定できるようになると、自分らしくいてもいいと思え、自分を大切にできるので生きていくのがぐっと楽になります。

おわりに

「電話はオワコン（終わったコンテンツ）である」と、いつのころからか言われるようになりました。マルチタスクに追われ、数分の無駄も許されない時短が叫ばれる世の中で、お互いが時間を合わせ、その中には不毛と思われるようなやりとりが含まれるツールを使い続ける必要があるのか。といった声が聞かれるようになったのです。

また、若い世代の間では、「タイパ」（タイムパフォーマンス）をとくに重要視する傾向も見られ、文字ツールでさえ、一文字やスタンプのみのやり取りですませようとしています。

しかし同時に、文字だけのやりとりは、行間であるとか細かなニュアンスが伝わらず、すれ違いが起きてしまうことがあるのも事実です。いったん行き違った認識を改めるのにはそれこそ時間がかかりますし、仕事など場合によっては、最初からやり直さなければならないことも出てきます。

また、人間関係が悪くなってしまった場合は、修復不可能ということさえあります。

ですから、電話はツールとしてのデメリットはあるものの、決して〝オワコン〟だと私は思いません。

それに、多くの人が本当に電話を必要でないツールと認識しているならば、電話恐怖症などという言葉も出てこないのではないでしょうか。使う必要がないのなら、嫌なら使用しなければすむだけの話になるからです。

社会生活に必要なツールだからこそ、使わなければならない場面があるわけで、そこで初めて苦手とかそうでないかという問題に直面するわけです。

確かに電話を使う頻度は、一時よりも少なくなりました。ゆえに当たり前ですが、誰しも経験値が下がっています。簡単なことでも慣れないことをするのは、少なからず苦痛や緊張感を伴うものです。苦手と感じているならなおさらです。

コミュニケーションツールとしての電話をもっと気軽に、文字ツールを補うものとして自由に使うことができれば、自分の意思がより正確に伝わり、齟齬なくやりとりができるようになります。そうすることで、コミュニケーションスキルのアップにもつながります。

本書では、なぜ電話が苦手と感じるのかをはじめ、電話の意義、そして対応方法を順序立てて解説しています。

電話が苦手だなと思う方から、電話をもっと有効に使いたいと思う方まで、ぜひ本書を役立てていただければ幸甚です。

わかり合える人間関係、そしてスムーズな業務遂行の一助となりますように。

大野萌子

編集協力　辻　由美子
図版　谷口正孝

大野萌子 おおの・もえこ
一般社団法人日本メンタルアップ支援機構（メンタルアップマネージャ®資格認定機関）代表理事、公認心理師、産業カウンセラー、２級キャリアコンサルティング技能士。法政大学卒。企業内カウンセラーとしての長年の現場経験を生かした、人間関係改善に必須のコミュニケーション、ストレスマネジメントなどの分野を得意とする。現在は防衛省、文部科学省などの官公庁をはじめ、大手企業、大学、医療機関などで講演・研修を行う。著書『よけいなひと言を好かれるセリフに変える言いかえ図鑑』(サンマーク出版)はシリーズ累計51万部のベストセラーに。

朝日新書
969

電話恐怖症《でんわきょうふしょう》

2024年９月30日第１刷発行

著　者　大野萌子

発行者　宇都宮健太朗
カバーデザイン　アンスガー・フォルマー　田嶋佳子
印刷所　TOPPANクロレ株式会社
発行所　朝日新聞出版
〒104-8011　東京都中央区築地5-3-2
電話　03-5541-8832（編集）
　　　03-5540-7793（販売）

Published in Japan by Asahi Shimbun Publications Inc.
ISBN 978-4-02-295282-0
定価はカバーに表示してあります。

落丁・乱丁の場合は弊社業務部(電話03-5540-7800)へご連絡ください。
送料弊社負担にてお取り替えいたします。

朝日新書

8がけ社会
消える労働者 朽ちるインフラ

朝日新聞取材班

2040年に1100万人の労働力が足りなくなる。迫り来る超人手不足の社会とどう向き合うか。取材班が現場を歩き実態に迫り打開策を探る「朝日新聞」大反響連載を書籍化。多和田葉子氏、小熊英二氏、安宅和人氏、増田寛也氏ほか識者インタビューも収録。

ロシアから見える世界
なぜプーチンを止められないのか

駒木明義

プーチン大統領の出現は世界の様相を一変させた。ウクライナ侵攻、子どもの拉致と洗脳、核攻撃による脅し……世界の常識を覆し、蛮行を働くロシアの背景には何があるのか。ロシア国民、ロシア社会はなぜそれを許しているのか。その驚きの内情を解き明かす。

電話恐怖症

大野萌子

「電話の着信音がなると動悸がする」「電話を人に聞かれるのが嫌」。近年、電話恐怖症が原因で心身症状が現れ、退職にまで追い込まれる若者が増えている。その背景には何があるのか。電話が嫌いでたまらない人へ、今日からできる対策法。大丈夫、きっと治せます。

裏金国家
日本を覆う「2015年体制」の呪縛

金子　勝

「裏金」がばらまかれ、言論を封殺し、縁故主義による仲間内資本主義（クローニーキャピタリズム）がはびこる日本社会。民主主義を破壊し、国際競争力を低下させ、経済の衰退を招いた「2015年体制」とは。負のらせん状階段を下り続ける、この国の悪弊を断つ。